Grothues · Kuhn · Kuhn
Leben in neuem Licht

Britta Grothues · Detlef Kuhn · Jürgen Kuhn

Leben in neuem Licht

Geschichten und Gedichte
für Ostern und die österliche Zeit

Schwabenverlag

VERLAGSGRUPPE PATMOS
PATMOS
ESCHBACH
GRÜNEWALD
THORBECKE
SCHWABEN
VER SACRUM

Die Verlagsgruppe
mit Sinn für das Leben

Die Verlagsgruppe Patmos ist sich ihrer Verantwortung gegenüber unserer Umwelt bewusst. Wir folgen dem Prinzip der Nachhaltigkeit und streben den Einklang von wirtschaftlicher Entwicklung, sozialer Sicherheit und Erhaltung unserer natürlichen Lebensgrundlagen an. Näheres zur Nachhaltigkeitsstrategie der Verlagsgruppe Patmos auf unserer Website www.verlagsgruppe-patmos.de/nachhaltig-gut-leben

Biblische Zitate: Einheitsübersetzung der Heiligen Schrift
© 2016 Katholische Bibelanstalt GmbH, Stuttgart

Alle Rechte vorbehalten

© 2025 Schwabenverlag
Verlagsgruppe Patmos in der Schwabenverlag AG, Senefelderstr. 12, 73760 Ostfildern
kundenservice@verlagsgruppe-patmos.de
www.schwabenverlag-online.de

Idee und Konzeption: Maria Thomauske und Britta Grothues
Umschlaggestaltung: Finken & Bumiller
Umschlagabbildung: Alexandra Lande/shutterstock
Satz: Schwabenverlag AG, Ostfildern
Druck: GGP Media GmbH, Pößneck
Hergestellt in Deutschland
ISBN 978-3-7966-1871-0

Inhalt

Register der Themen 7
Register der Schriftstellen 9

OSTERGEHEIMNIS (LEBENSLICHTER) – SINNFRAGEN
01 Der vatikanische Obelisk (Palmsonntag) 10
02 Der alte Becher (letztes Abendmahl) 14
03 Die Höhle (Grab und Neubeginn) 18
04 Die Sonne (Glaube) 22
05 Übergangszeit (Umkehr und Erneuerung) 26
06 Ein Ostereiergeheimnis (Brauchtum) 30

OSTERGEDANKEN (LICHTGEDANKEN) – DENKMALE
07 Der Hasenfuß (Neuer Mensch) 34
08 Das Verdikt aus dem Vatikan (Fasten) 38
09 Simon von Cyrene (Kreuzweg) 42
10 Außerirdische (Emmaus) 46
11 In einem Bürohaus (Dornenkrone und Geißelung) 50
12 Eine alte Legende (Auferstehung) 54

OSTERAHNUNG (DENKZEITEN) – WUNDERAHNUNG
13 Das rote Ei (Erlösung) 58
14 Das Jahrestreffen (Neuer Mensch) 62
15 Das Geheimnis des heiligen Georg (Erkenntnis) 66
16 Die drei Rätsel und die Kelle (Tiefe) 70
17 Der Großvater (Ostermorgen) 74
18 Der Soldat (Hoffnung) 78

OSTERERFAHRUNG (ZEITEINHEIT) – ANSICHTEN
19 Es geschehen Dinge (Entwicklung) 82
20 Gnadenort (Verrat) 86
21 Das Arma-Christi-Hospital (Menschlichkeit) 90
22 Der arme Schlucker (Brauchtum) 94
23 Irgendwann und irgendwo (Erlösung) 98
24 Ostern (Freude) 102

OSTERLICHT (AUFERSTEHUNG) – MORGENRÖTE
25 Die Osterkerze (Gemeinde) 106
26 Unterwegs (Auferstehung) 110
27 Das Weihwasser (Gastfreundschaft) 114
28 Pilgerschaft (Spiritualität) 118
29 Die gestohlene Kiepe (Brauchtum) 122
30 Der Osterhase kommt (Brauchtum) 126

Register der Themen

Die Angaben der Fundorte beziehen sich auf die Nummern der Geschichten.

Abendmahl, letztes 02
Ahnung 26
Angst 07, 15
Arma Christi 21
Armer Schlucker 22
Auferstehung 12, 17, 26
Brauchtum 06, 07, 13, 19, 22, 24, 29, 30
Dornenkrone 11
Drache 15
Emmaus 10
Engel 17
Erbschaft 22
Erlösung 13
Erneuerung 05
Essigschwamm 21
Fass 16
Fasten 08
Friede 10, 19, 21
Gastfreundschaft 27
Geheimnis 15
Geißelung 11
Gemeinde 25
Georg, heiliger 15
Glaube 04
Gnadenort 20

Goldenes Ei 22
Grab 03
Grab, leeres 17
Großvater 17
INRI 21
Judas 23
Karwoche 19
Kelch 02
Kelle 16
Kinder 24
Kreuz 21
Kreuzweg 09
Lanze 18, 21
Liebe 06
Longinus, heiliger 18
Maria Magdalena 23
Mobbing 11
Mönche 04
Mut 01, 30
Nägel 21
Neubeginn 03
Neuer Mensch 14
Ostereier 06, 24, 29
Osterfeuer 05, 25
Osterhase 07, 24, 29, 30
Osterkerze 25

Ostermorgen 29
Ostern 24
Osternacht 25
Palmsonntag 01
Pilgern 28
Reifung 04
Reliquien 28
Rock, heiliger 28
Sandale, heilige 28
Schimpfworte 07
Schmerzen 09
Schöpfung 26, 30
Silberlinge 21, 23
Sinn des Lebens 16

Soldat 18
Spiritualität 28
Stab 17
Tiere 07, 30
Treue 30
Trugbilder 15
Umkehr 05
Verrat 20
Versöhnung 19, 21
Vézelay 23
Wahrheit 16
Wallfahrt 20
Weihwasser 27
Wunder 20, 24

Register der Schriftstellen

Die Angaben der Fundorte beziehen sich auf die Nummern der Geschichten.

Jesaja 55,1–3   27

Maleachi 3,20   04

Matthäus 6,16–18   08
Matthäus 7,1–3   07
Matthäus 26,15–16   21
Matthäus 27,29   21
Matthäus 27,54   18
Matthäus 28,1–8   03
Matthäus 28,11–15   17

Markus 14,10–11   23
Markus 14,17–20   20
Markus 14,23–25   02
Markus 15,16–19   22
Markus 15,20–22   09
Markus 15,39   18

Lukas 16,1–7   12
Lukas 19,28–38   01
Lukas 23,27–28   29
Lukas 23,34   18

Lukas 23,36–43   15
Lukas 23,47   18
Lukas 24,30–35   10
Lukas 24,36–43   13

Johannes 14,25–27   06
Johannes 15,5   25
Johannes 15,9–11   24
Johannes 15,12–15   30
Johannes 18,36–38   16
Johannes 19,1–6   11
Johannes 19,17–19   21
Johannes 19,23–24   28
Johannes 19,28–29   21
Johannes 19,33–34   18
Johannes 20,19–23   19

Apostelgeschichte 2,22–24   26

Epheser 4,24   05

Kolosser 3,10–17   14

Zwei Menschenrufe:
»Hosianna!«
und
»Ans Kreuz mit ihm!«
Das geht sehr schnell
im Menschenland.

Wo ist ein Wort,
das gilt
für heute
und für morgen
und für immer?

Meint es das Gestern
ehrlich
mit dem Heute,
und gilt das Heute
morgen noch
und übermorgen?

Aus welcher Quelle
schöpft ein Wort
die Kraft,
um Widernisse
zu ertragen?
Gibt es das Wort,
das unaustauschbar ist
und zuverlässig?
Der Menschengeist
kann solches,
wenn er will.

Sinnfragen 11

01 **Der vatikanische Obelisk**

Im antiken Rom lag auf dem Vatikanischen Feld der Circus Gai et Neronis. Man kennt ihn auch unter dem Namen Circus Vaticanus. Kaiser Gaius ist der Nachwelt eher unter dem Namen Caligula bekannt. Er veranstaltete dort Spiele und ließ den berühmten vatikanischen Obelisken aus dem ägyptischen Heliopolis von Alexandria auf einem besonderen Schiff nach Rom bringen. Der Glaube an Christus war zu dieser Zeit lebensbedrohend. Jahrhunderte später war vieles anders. Der Steingigant mit einem Gewicht von nahezu 400 Tonnen stand noch immer auf der Trennmauer zur alten Rennbahn der berühmten römischen Machthaber. Doch inzwischen befand sich dort in unmittelbarer Nähe auch die Sakristei von St. Peter. Papst Sixtus V. war das strenge Oberhaupt der Christenheit mit großer politischer Bedeutung. Für den September des Jahres 1586 hatte er ein Spektakel angeordnet. In der Mitte des großen Platzes vor dem Grabmal des ersten Bischofs von Rom sollte in Erinnerung an das Martyrium des heiligen Petrus der 25 Meter hohe Obelisk für alle sichtbar einen neuen Platz erhalten. Ein Heer von nahezu 1000 Mann mit über 100 Pferden und mehr als 40 Winden waren für dieses Werk angeheuert und bereit. Seile in einer Länge von über 200 Metern sollten das Meisterwerk zum Gelingen bringen. Dieses außergewöhnliche Unterfangen zog Leute von überallher an. Angesichts dieser unübersehbaren Menschenmenge ordnete der verantwortliche Architekt Domenico Fontana unter päpstlicher Androhung härtester Strafen die Sperrung der Zuwege und ein absolutes Schweigen während der Arbeiten an. Diese durften in keiner Weise behindert werden. Ein unbedachtes Wort oder eine Störung bedeuteten nun die sichere Todesstrafe. So lag vollkommene Stille über dem Platz. Ein Trompetensignal war für den Anfang und zur weiteren Verständigung der Beteiligten verabredet. Dann erklang das erste laut und deutlich. Mensch und Tier gingen bis an die Grenzen ihrer Kräfte. Auch die Seile und Winden waren an den Grenzen der Belastbarkeit. Kein Laut war zu hören.

Unter den Schaulustigen an diesem Septembermorgen befand sich auch ein Seemann aus Ligurien. Er gehörte zu der Familie Bresca und kam aus dem kleinen Ort Bordighera bei San Remo. Der Umgang mit Tauen und Tampen gehörte zu seinem täglichen Handwerk. Mit geübtem Blick beobachtete er das Geschehen. Mit Entsetzen hatte er das Dampfen der überspannten Seile erkannt und mit ihm gewiss viele aus dem Volk. Aber die Todesstrafe lag wie eine Gewitterwolke über dem drohenden Unheil. Doch da brach es mutig und verzweifelt in der Mundart Liguriens aus ihm heraus: »Aigua ae corde!« Das bedeutet: »Wasser auf die Seile!«

Die Arbeiter unterbrachen und folgten dem Warnruf. So fingen die durch die ungeheure Reibung überhitzten Zugstränge kein Feuer und konnten den Obelisken bis zum endgültigen Aufrichten im Gleichgewicht halten. Als Auszeichnung für seine Tapferkeit ernannte Sixtus V. ihn und die Mitglieder der Familie Bresca aus Bordighera zu Hoflieferanten des Papstes. Sie besorgten seitdem bis zum Zweiten Vatikanischen Konzil für den Palmsonntag die Palmzweige für die päpstlichen Paläste. Beim Erreichen der Tibermündung wurde an der Spitze des Hauptmastes ein »parmurelo« angebracht. Das war ein besonders geschmückter Palmzweig; er gab allen Bootsführern die Anweisung, dem Schiff aus Bordighera grundsätzlich Vorfahrt zu gewähren. Der unerschrockene Warner erhielt den Ehrentitel eines Kapitäns und durfte auf seinem Schiff die päpstliche Flagge führen. Auch heute findet am Palmsonntag vom Obelisken aus eine Palmprozession statt, und die Palmzweige stammen natürlich aus San Remo und Bordighera.

(Detlef Kuhn)

Sinnfragen

LUKAS 19,28–38

Nach dieser Rede zog Jesus voran und ging nach Jerusalem hinauf. Und es geschah: Er kam in die Nähe von Betfage und Betanien, an den Berg, der Ölberg heißt, da schickte er zwei seiner Jünger aus und sagte: Geht in das Dorf, das vor uns liegt! Wenn ihr hineinkommt, werdet ihr dort ein Fohlen angebunden finden, auf dem noch nie ein Mensch gesessen hat. Bindet es los und bringt es her! Und wenn euch jemand fragt: Warum bindet ihr es los?, dann antwortet: Der Herr braucht es. Die Ausgesandten machten sich auf den Weg und fanden alles so, wie er es ihnen gesagt hatte. Als sie das Fohlen losbanden, sagten die Leute, denen es gehörte: Warum bindet ihr das Fohlen los? Sie antworteten: Weil der Herr es braucht. Dann führten sie es zu Jesus, legten ihre Kleider auf das Fohlen und halfen Jesus hinauf. Während er dahinritt, breiteten die Jünger ihre Kleider auf dem Weg aus. Als er sich schon dem Abhang des Ölbergs näherte, begann die Schar der Jünger freudig und mit lauter Stimme Gott zu loben wegen all der Machttaten, die sie gesehen hatten. Sie riefen: Gesegnet sei der König, der kommt im Namen des Herrn. Im Himmel Friede und Ehre in der Höhe!

Mensch,
mach Frieden!
Lass das Gute in dir
Oberhand gewinnen.
Lass aus alten
Trümmern alter Kriege
neuen Frieden wachsen.

Trink
aus dem Kelch
des Friedens und der Liebe!
Stille jenen Weltdurst
nach Versöhnung
und Erholung.

Menschenskind,
lass deine Welt und
deine Zeit
zur Ruhe kommen.
Erhelle
die Gewitterwolken
alter Traditionen und
Gepflogenheiten
aus Rache, Missgunst
und Vergeltung.

Lass endlich
alle Welt erkennen,
wer du wirklich bist:
ein Lebewesen
mit dem Namen »Mensch«

Sinnfragen

02 Der alte Becher

Nach all den Jahren bin ich eine alte Frau geworden. Die letzten Zeiten waren erfüllt von Krieg und Gewalt. Kaiser Nero war nicht mehr. Zu seinem Nachfolger wurde Vespasian ausgerufen. Der verkörperte bis dahin und in dieser Stimmung hier bei uns die römische Besatzungsmacht. Aus Sicherheitsgründen brach er auf in die Kaisermetropole. Er ließ seinen Sohn Titus als Vertrauten in Jerusalem zurück. Alle Aufstände und Freiheitsbewegungen mündeten im Jüdischen Krieg. Genau im März des Jahres 70 am Tag des Pessach-Festes begann dann die Belagerung unserer Stadt. Die Ereignisse der Kampfhandlungen waren furchtbar. Millionen von Menschen auf der Pilgerschaft füllten die Straßen und Plätze. Die Zahl der Opfer ist unvorstellbar. Es gab kein Pardon. Sogar der Tempel wurde zerstört. Die ganz Welt schien in Schutt und Asche zu liegen.

Damals erinnerte ich mich an ein anderes Pessach-Fest in meinem Leben. Das lag wohl schon fast 40 Jahre zurück. Mein Vater hatte den großen Raum im Obergeschoss unseres Hauses für eine Gruppe zur Verfügung gestellt. Vieles war anders als in anderen Jahren zuvor. Er holte gerade einen Krug mit Wasser. Da kamen sie auf ihn zu und erzählten von ihrem Rabbi. Wie alte Bekannte nahm er sie sofort auf und zeigte ihnen den kleinen Festsaal. Am Abend belauschte ich mit meinen Schwestern diese außergewöhnliche Gesellschaft. Zu Anfang standen die gewohnten Abläufe. Doch dann nahm der fremde Rabbi einen Becher mit Wein und sprach geheimnisvolle Worte. Einer nach dem anderen trank nun daraus. Es war ein sehr feierlicher Augenblick. Schließlich war das Mahl beendet. Sie brachen auf und gingen in die Nacht. Irgendwann danach wurde aufgeräumt. Teller und Becher mussten gereinigt werden. Ich hatte mir dieses ganz bestimmte Trinkgefäß gemerkt und verlor es nicht mehr aus den Augen. Auch heute könnte ich es eindeutig von allen anderen unterscheiden und genau beschreiben. Dabei war äußerlich nichts Besonderes an ihm. Doch in mir hatte sich eine fast zärtliche Erinnerung beheimatet. Die blieb bis auf den heutigen Tag. Doch der Krieg hat so vieles zerstört. Auch das Haus meines Vaters steht nicht mehr. Unser ganzer Besitz ging verloren. Es blieben nur noch Scherben und Zerbrochenes. Die Menschen werden wieder aufbauen. Und sie werden neue Kriege führen. Dankbar lebe ich jeden Friedenstag. Dankbar lebe ich in meinen Erinnerungen. Was wird aus diesem Weinbecher geworden sein? Gern hätte ich die Worte und die Gespräche dieses Abends gehört und verstanden. Gern hätte ich um die Bedeutung dieses Bechers gewusst. In meinen Gedanken an ihn liegen so viel Liebe und so viel Frieden. In seiner Alltäglichkeit liegt etwas Heiliges und zutiefst Menschliches. Ich wünschte mir, dass aus den alten Scherben und Ruinen ein Fundament des Lichtes und der Hoffnung wächst.

(Britta Grothues)

MARKUS 14,23–25
Dann nahm er den Kelch, sprach das Dankgebet, gab ihn den Jüngern und sie tranken alle daraus. Und er sagte zu ihnen: Das ist mein Blut des Bundes, das für viele vergossen wird. Amen, ich sage euch: Ich werde nicht mehr von der Frucht des Weinstocks trinken bis zu dem Tag, an dem ich von Neuem davon trinke im Reich Gottes.

Mach das Beste draus.
Das klingt ein wenig
fatalistisch
mit einem Beigeschmack
von Unausweichlichkeit.

Darin liegt auch der Klang
von Ausweglosigkeit
und hilfloser Ergebenheit
in Fakten,
die sich dann und wann
in Schicksalsmacht
ergeben.

Doch es sind gute Worte,
die in Vollbedeutung
für das ganze Leben
taugen.
Es lohnt sich,
ihrem vollen Sinn
behutsam
nachzulauschen.

Es ist ein guter Rat
mit diesen Worten:
»Mach das Beste draus!«
Dann wird das Kleine groß
und das Bedeutungslose
hochgewichtig.
Dann wird das ganze Leben
mehr als gut.

03 **Die Höhle**

Am Anfang dieser Geschichte steht sein Leben. Damit ist sein Bewusstsein und sein Jetzt ins Licht gestellt. Er lebte und erlebte jeden Augenblick und achtete ihn in seiner Einzigartigkeit. Die Menschen seiner Umgebung schätzten seine Großherzigkeit. Er liebte die Gegenwart und war vorbereitet auf die Zukunft. Aus der Vergangenheit zehrte er die Vorräte tiefer Erfahrung. Dabei war er nicht immer so. Er war in allem gut, oft sogar der Beste. Auf Festen war er immer willkommen. Das genoss er und ließ es die anderen fühlen. Alles lief nach seiner Fasson. Um ihn herum war er der Mittelpunkt. Das war selbstverständlich. Widrigkeiten waren ohne Bedeutung und auszublenden. Für ihn schien die Sonne an jedem Tag. Das alles, oder das wenige genügte ihm. So konnte es weitergehen.

Seine Heimat lag in den Bergen. Dort kannte er jeden Pfad und jeden Stein. Gern verzichtete er auf Bergführer und Seilschaften. Er genügte sich in allem selber. So ging er eines Tages allein in den Berg. Auf seinen Wegen hatte er ein ganz besonderes Ziel. Der Steilweg verlangte dem Bergsteiger Großkönnen ab. Jeder Schritt forderte Hochaufmerksamkeit. Aber er ging sicher und gewann schnell an Höhe. Jetzt bog sein Gang um einen Steilfelsen. Dahinter lag sein Ziel. Es war den vorübergehenden Blicken verborgen. Doch er kannte sich hier aus. Das war sein Ort. Heute wollte er ihn genau erkunden als sein Geheimnis. Nach wenigen Schritten hinter der Biegung und einigen Bergsteigergriffen hatte er seine Höhle erreicht. Vor Jahren schon hatte er sie entdeckt und niemandem von ihr erzählt. Heute war sein Tag gekommen. Der Eingang öffnete sich wie ein Schwarzschlund. Irgendjemand hatte vor Langzeit einen Eisenstab in den Felsuntergrund getrieben. Davor legte er seinen Rucksack mit dem Seil. Voller Lebenskraft reckte er sich der Sonne entgegen und setzte dabei einen Fuß in das Innere der Bergöffnung.

Da geschah es. Der Zugang führte steil hinab und war mit festem Eis belegt. Darauf glitt er aus und stürzte haltlos in die Tiefe. Das alles ereignete sich sekundenschnell. Dann kauerte er auf dem Geröll und sah das Tageslicht in mehrfacher Entfernung seiner Körpergröße. Das war ein schwerer Sturz. Sein rechter Knöchel schmerzte. Behutsam verschaffte er sich einen Überblick zum Befinden seines Körpers. Es war wohl nichts gebrochen. Doch die Schrammen und Beulen erzählten ihre eigene Geschichte. Den Fuß konnte er kaum bewegen. Dann ging sein Blick wieder nach oben. Dort lehnte unerreichbar der rettende Rucksack mit allem Notwendigen. »Man muss eben das Beste daraus machen«, dachte er bei sich. Das war der Leitgedanke seines Lebens. Damit verband er seine Vorteilsvorstellungen. Die im Dorf würden ihn vermissen und bald aus dieser Lage befreien. Dann gäbe es wieder Heldentaten zu erzählen. Er dachte an die bewundernden Blicke seiner Hörerschaft.

Dann rollte er sich zusammen und schlief ein. Aber niemand suchte ihn. Niemand kannte sein Ziel. Nur die Sorge um ihn bestimmte die Gespräche. Erst am Abend brach ein Trupp auf und kehrte ohne Ergebnis in den frühen Morgenstunden heim. Längst hatte er seinen Kurzschlaf beendet. Niemand war zu seiner Rettung gekommen. Wie sollten sie auch? Der Ort hier war ja nur ihm bekannt. Da befiel den Erfolgsgewohnten Angst und Verzweiflung. Er sah keinen Ausweg. Er rief mit allen Kräften um Hilfe. Doch seine Notschreie fanden nicht einmal den Ausgang der Höhle. Da sank er in sich zusammen und schluchzte Verzweiflungstränen. Seine Gedanken tanzten wirr durcheinander und fanden keinen Halt. Doch dann änderte sich von einem Augenblick auf den andern alles. Von dem Steilhang oberhalb donnerte eine Gamsherde herab und berührte in wilder Bergjagd den Rucksack. Dieser wurde millimeterkurz zur Seite bewegt. Da genügte. Aus der Tiefe hatte er alles beobachtet. Mit unendlicher Trägheit verlor das Rettungsobjekt das Gleichgewicht. Er stand dort und rief und schrie und betete und war nicht mehr er selber. Da kam alles plötzlich in Bewegung und landete in seinen weit geöffneten Armen. Er achtete nicht auf die Schmerzen. Nach guter Übung befreite er sich aus dem Verlies. Dann stand er in der Freiheit des Sonnenlichtes. Alles war wie ein neues Leben. Alles konnte noch einmal beginnen. Und er sprach laut und deutlich die Worte: »Mach das Beste daraus! Aber dieses Mal ganz anders und viel mehr.«

(Jürgen Kuhn)

MATTHÄUS 28,1–8
Nach dem Sabbat, beim Anbruch des ersten Tages der Woche, kamen Maria aus Magdala und die andere Maria, um nach dem Grab zu sehen. Und siehe, es geschah ein gewaltiges Erdbeben; denn ein Engel des Herrn kam vom Himmel herab, trat an das Grab, wälzte den Stein weg und setzte sich darauf. Sein Aussehen war wie ein Blitz und sein Gewand weiß wie Schnee. Aus Furcht vor ihm erbebten die Wächter und waren wie tot. Der Engel aber sagte zu den Frauen: Fürchtet euch nicht! Ich weiß, ihr sucht Jesus, den Gekreuzigten. Er ist nicht hier; denn er ist auferstanden, wie er gesagt hat. Kommt her und seht euch den Ort an, wo er lag! Dann geht schnell zu seinen Jüngern und sagt ihnen: Er ist von den Toten auferstanden und siehe, er geht euch voraus nach Galiläa, dort werdet ihr ihn sehen. Siehe, ich habe es euch gesagt. Sogleich verließen sie das Grab voll Furcht und großer Freude und sie eilten zu seinen Jüngern, um ihnen die Botschaft zu verkünden.

Du gehst die
immer selben Wege,
und sie werden
täglich neu.
In deinem Herzen
und in deinem Kopf
sind viele Räume
frei und einige noch
ohne Licht.

Nimm an,
es gibt die
Sonne der Gerechtigkeit
mit einem Strahlen,
das Geheimnisse
erkennbar werden
lässt.

Mag sein,
dass Wichtiges in
dir sei Jahren
darauf wartet,
am Wegrand eines
ganz normalen Tages
offenbar zu werden.

Es wird wohl sein,
dass du unendlich gut bist,
und dass du dich noch heute
sehen und verstehen kannst.

04 Die Sonne

Ein junger Mann pochte an das Tor eines Bergklosters. Er war lange unterwegs gewesen. Ein steiler Felsenweg führte hierher. Müdigkeit und Erschöpfung lagen auf seinen Schultern. Der Mittsommer hatte die Luft zum Flirren gebracht. Er nahm seine Brille ab und wischte sich mit einem Tuch über die Stirn. Alles war still. Hoch über ihm zog ein Adler seine Kreise. Der Himmel zeigte ein reines Blau. Er wartete. Sein Ziel hatte er erreicht und hoffte nun auf Aufnahme in die Gemeinschaft der Mönche. Von ihnen hatte er Geheimnisvolles gehört.

Schon als Kind zog es ihn dorthin. In seiner Jugend wanderte er Stunden bis in die Nähe und verbrachte Zeiten mit seinen Träumen. Aus den vielen Möglichkeiten seines Lebens wuchs der Wunsch dieses Tages. Jetzt war er da. Seine Vergangenheit hatte er zurückgelassen und trug sie doch in sich. Daran dachte er und wartete voller Spannung auf das Öffnen der alten Holzpforte mit den Eisenverschlägen. Leise verging die Zeit. Behutsam hatte sich der Abend eingestellt. Schließlich vernahm er Schritte. Sie näherten sich in festem Tritt und klangen zugleich leicht. Ein Riegel wurde im Inneren beiseitebewegt. Dann öffnete sich der rechte Flügel um einen Spalt. Vor ihm stand jemand wie eine Erscheinung. Nun war der Weg in den Hof frei. Der Blick aus der Tiefe eines wachen Geistes hatte ihn eingeladen. So ging er frei durch den Eingang. Erleichtert und unsicher zugleich folgte er dem Türöffner. Der war von großer und kräftiger Gestalt. Lange weiße Haare umrahmten sein mildes Gesicht und mündeten in einem Bart bis zur Brust. Sein Gewand hatte die Farbe der Felsen. Rücklings war eine Kapuze. An seinen bloßen Füßen trug er Sandalen. Mit festen Griffen hatte er den Ort wieder verschlossen.

Sie gingen vorbei an dem steinummauerten Brunnen. An der Treppe zum Inneren des Haupthauses machten sie Halt und nahmen Platz auf den ausgetretenen Stufen. Der Sonnenuntergang brachte die Berge ins Leuchten und legte einen Zauber über Mensch und Natur. In schweigender Gastlichkeit wurde ihnen ein Vesperbrot bereitgestellt mit einem Krug Wein. Der junge Gast hatte bei dieser körperlichen Stärkung die Möglichkeit zum Erzählen und zur Entlastung seines Geistes. Sein Gegenüber hörte bis in die Dunkelheit zu und stellte nur gelegentlich eine Frage oder bestätigte das Gesagte mit einem Kopfnicken. Im Schein einer Kerze beendeten sie die Unterhaltung in der Nacht. Ein Schlaflager war vorbereitet und nahm ihn willkommen auf. Sein Gesprächspartner war der Abt des Klosters. Er hatte ihn weder abgelehnt noch aufgenommen. Er hatte ihm den Rat zur Bergbesteigung bis zum Gipfelkreuz gegeben. Das sollte vom Morgengrauen bis zur Abenddämmerung gelingen. Bei seinem Aufbruch fand er für den Tag Brot und Wasser. Niemand war da. So ging er los. Das Gipfelkreuz und das Kloster waren die Ziele seiner Wanderung.

Mit Leichtigkeit legte er Meter um Meter zurück und genoss die Aussicht von der Spitze des Berges. Er gönnte sich dort oben nur kurze Ruhe und begab sich schnell auf den Rückweg. Im Näherkommen erkannte er schon den Abt. Der erwartete ihn unter dem alten Torbogen. Alles war weit geöffnet. Schließlich saßen sie wieder auf den ausgetretenen Steinstufen. Erst zur Mitternacht beendeten sie das Gespräch und nickten einander den Nachtgruß zu. Es war ein langer Bericht über den Tagesweg. Das wurde von aufmerksamem Zuhören und gelegentlichen Kurzgesten begleitet. Noch im Einschlafen überdachte er den kommenden Tag. Wieder sollte er zum Gipfelkreuz hinaufsteigen. Das sollte Tag um Tag so geschehen. Doch davon ahnte er noch nichts. Er wollte Mönch werden. Den Rat des Abtes verstand er nicht. Am Anfang fiel ihm die Geschwindigkeit auf. Er benötigte immer weniger Stunden. Schließlich wurde ihm bei jedem Wetter jeder Baum und jeder Stein am Weg vertraut. Selbst die Tiere wuchsen in sein Denken. Und an jedem Abend erzählte er dem Abt von neuen Erfahrungen. Schließlich war sein Ehrgeiz einer tiefen Stille gewichen. Er ging langsamer. Seine Heimkehr war ohne Bedeutung. Er hatte die Strecke seiner Tage in sich aufgenommen. Tief in sich wusste er um die Einzigartigkeit jeder Sekunde und jedes Steines am Wege. Sein Leben war auf den Pfad zu sich selbst geraten. Und doch spürte er in sich eine weitere Hoffnung. Da ruhte er nach ungezählten Tagen und Aufbrüchen mit der Schulter am Bergkreuz. Die Sonne stand hoch am Himmel. Er hatte sich zum Sitzen niedergelassen. Wieder einmal hatte er seine Brille abgenommen und wischte über das Gesicht. Dann sah er, wie das Sonnenlicht sich im Brillenglas bündelte und Sonnenkraft auf die Erde brachte. Das sollte für lange Zeit sein letzter Weg zum Gipfel gewesen sein. Auf dem Rückweg ging er sehr langsam. Zeitabläufe waren unbedeutsam geworden. Die Sonne begleitete ihn über den ganzen Heimweg. Er begann zu verstehen. Er wollte die beste Kraft in sich bündeln und den Menschen das Beste bringen. Das war sein Weg. Am Abend saß er schweigend mit dem Abt auf der kleinen Treppe. Am nächsten Morgen erhielt er den grauen Kapuzenmantel der Mönche und ging seinen Weg.

(Britta Grothues)

MALEACHI 3,20
Für euch aber, die ihr meinen Namen fürchtet, wird die Sonne der Gerechtigkeit aufgehen und ihre Flügel bringen Heilung. Ihr werdet hinausgehen und Freudensprünge machen, wie Kälber, die aus dem Stall kommen.

Das Feuer
bringt Veränderung
und lässt Metalle
reinster Art
aus Unerkennbarkeit
zutage treten.

Das Feuer
bringt Verborgenes
ans Licht und führt
geheime Schätze
zu sich selbst.

Es gibt ein Feuer
voller Hitze,
die Härtestes
zum Schmelzen
bringt.
Es gibt ein Feuer
voller Glut,
die ganze Wälder
wie ein Ungetüm
verschlingen kann.

Es gibt ein Feuer,
welches tief
im Menschen
lebt
und ihn dorthin
begleitet,
wo das Leben ist.

Sinnfragen

05 Übergangszeit

Es ist wieder Übergangszeit. Die weichende Winterkälte gibt Platz für Neues und Leichteres. Mit dem Frühjahrsputz zieht Frischluft in die Räume ein. Die Tage sind jetzt länger und haben mehr Licht. Die Natur putzt sich nach der Schmucklosigkeit dunkler Wochen großzügig heraus und verbreitet Frühlingsduft. Bisweilen nur versucht die Kälte einen Rückgriff und bringt die jungen Blüten in Verwirrung. Doch das hält nicht lange an. Das Neue kommt in zärtlicher Farbenschönheit. Die Luft ist an den Abenden wie ein sanftes Streicheln. Die Natur offenbart geheimnisvolle Kräfte. Wer hätte den entlaubten Dezemberbäumen noch ein neues Aufblühen zugetraut? Und wer hätte in der Kälte die Wärme blumiger Farbenkraft vermutet? Vielleicht gehen manche in Gewohnheit durch die Welt und wissen dieses und jenes. Mag dieses Wechselspiel für einige Gemüter einfach selbstverständlich sein. So lässt es sich leben. Doch dieses österliche Frühjahr ereignet sich nur so im Ablauf von fantastischen Gegebenheiten.

Zwei Menschen wissen seit geraumen Zeiten umeinander. In einer Frühlingszeit haben sie sich entdeckt und sind in ein Gespräch gekommen. Jetzt leben sie seit Jahren schon zusammen und haben sich den Übergangszeitbrauch ausgedacht. Zum Osterfest tragen sie wie viele ihre Übergangskleidung. Das eine oder andere Stück wird ergänzt. Bewährtes wird aus dem Schrank genommen. Das Aussortieren liebgewonnener Teile fällt schwer. Sie gehören so sehr dazu. Doch irgendwann sind sie abgetragen und abgenutzt. Es ist Übergangszeit. Die Stoffe sind dann bunter und auch leichter. Gemeinsam gehen sie zum Fest ans Osterfeuer. Am Abend wird es kühl. Für alle Fälle ist die Kleidung dementsprechend angepasst. Es ist eben Übergangszeit. Da muss mit allem gerechnet werden. Die Leute kommen von überall her und versammeln sich am Osterfeuerplatz. Aus trockenen Holzresten ist ein meterhoher Aufbau vorbereitet. Absperrungen sind im Kreis um die Fläche herumgezogen. Mit Festzeichen und Gesängen beginnt das Fest. Jetzt prasselt das Feuer und taucht alles in eine geheimnisvolle und warme Stimmung.

Zwei Menschen stehen nebeneinander und halten sich an den Händen. Sie wissen um ihre Gedanken. Es sind Übergangsideen. Inmitten der vielen Ostergäste statten sie sich im Stillen neu aus. Sie wissen das. Nach der Feier wird es kein Gespräch und keine Frage dazu geben. Es ist wie das Öffnen einer Tür oder wie ein Gang durch frischen Wind. Es ist wie ein Aufstehen nach langem Schlaf oder das Liegen auf einer Blütenwiese. Nach der Feier gehen sie Hand in Hand nach Hause. Es ist spät geworden. Bis zum Schluss sind sie geblieben voller Spannung und Vorfreude auf das Neue. Das Osterwunder mit der großen Auferstehungsbotschaft ragt in ihr Leben und lässt sie teilhaben an jenem Feuer, das verändert und erneuert.

(Britta Grothues)

Epheser 4,24

Zieht den neuen Menschen an, der nach dem Bild Gottes geschaffen ist in wahrer Gerechtigkeit und Heiligkeit!

Wer ist schon
ohne Fehler,
und wer ist perfekt
und ganz vollkommen?
Wer sehnt sich
nicht nach
Freundschaft
und nach Liebe?

Es trägt den Duft
von Auferstehung
und es schmeckt
nach neuem Leben,
wenn liebevoll
und achtsam
ein Mensch
dem anderen
zur Seite steht
und Mut zuspricht
in Dunkelheit.

Es ist wie erlöster
Ostermorgen,
wenn Gutes möglich ist
und Schönes weltweit
wirklich wird.

Es ist ein Sieg
ohne den Schmerz
der Niederlage
in ein freies Atmen.

06 Ein Ostereiergeheimnis

Hasen und Hühner sind sehr verschieden. Hasen laufen auf vier Beinen und haben lange Ohren. Hühner gehen auf zwei Beinen durch das Leben und haben Flügel. Hasen tragen ein Fell. Hühner sind mit Federn bekleidet. Noch vieles andere unterscheidet beide voneinander. Doch hier geht es um ein Ostereiergeheimnis. Das bewahren beide gemeinsam. So erzählten es auf jeden Fall vor vielen Jahren eine Schwester und ihr Bruder. Noch heute wissen nur wenige davon. Aber einige aufmerksame Menschen haben es mit der Zeit doch erfahren.

Die beiden Kinder lebten damals im Ostereierland. Von dort kommen seit Urzeiten zur Osterzeit die Ostereier. Hasen und Hühner haben eigentlich sehr wenig miteinander zu tun. Doch im Frühjahr kommen die Langohren auf den Hühnerhof und beladen ihre Kiepen mit der kostbaren Eierfracht. Damit geht es dann in die große Eiermalwerkstatt. Zum Fest soll ja alles zum Verstecken bereit sein. Dann herrscht überall große Betriebsamkeit. Die zwei Geschwister freuten sich auf Ostern. Da blüht alles wieder auf und wird voller Leben. Über allem liegt Gutes und Schönes wie ein Himmelsgeschenk. Die Herzen werden geöffnet. Menschen und Tiere und Natur finden zueinander. Die zwei fühlten das und erzählten einander davon. Sie staunten über die Begegnung von Hasen und Hühnern gerade in diesen Tagen. Das ganze Jahr über waren die einen hier im Hühnerhof und die anderen dort auf den Feldern.

Da trafen die Kinder einen Entschluss. Sie wollten in der nächsten Nacht dem Geheimnis auf die Spur kommen. Voller Spannung erwarteten sie den Einbruch der Dunkelheit. Eines stand fest: Die Hasen brauchten die Hühnereier. Das war keine Frage. Aber etwas anderes brauchte noch eine Antwort. Denn sie hatten von ihren Schlafzimmerfenstern aus in den Jahren zuvor etwas höchst Merkwürdiges beobachtet. Die Eier waren zur rechten Zeit ausgeliefert worden. Das war nichts Besonderes in dieser Gegend. Doch am folgenden Abend bei Dunkelheit erschien der Osterhase persönlich und sprach leise mit dem Hofhahn. Der hörte und nickte. Dann flüsterte er leise allen im Hühnerstall etwas zu. Und in langer Reihe zogen sie hinter Meister Lampe her. Erst im Morgengrauen kehrten sie zurück und verhielten sich sehr unauffällig. Niemand sollte etwas merken. Doch in ihren Augen lag ein besonderer Glanz. Sie hatten wohl in ihrer Abwesenheit etwas sehr Schönes erlebt. Das also wollten sie in dieser Nacht erfahren und ergründen. Und tatsächlich sollten sie in den Nachtstunden einem Hasenhühnergeheimnis auf die Spur kommen. Es sollte ihnen eine Osterfreude aus Freundschaft und Hilfsbereitschaft offenbaren. Dann also kam der Hase und wechselte einige Worte mit dem Hahn. Kurz darauf ging der Zug vom Hof weit hinaus auf das Feld. Die Menschenkinder konnten unbemerkt folgen. Sie hielten sich an den Händen und lauschten in die Dunkelheit. Schließlich gelangten sie an die Ostereieranmalwerkstatt.

Das Hasenvolk war schon fleißig bei der Arbeit. Jetzt wurde alles eingeteilt. Die Hasen blieben an ihren Plätzen und die vom Hof begaben sich in einer besonderen Ecke an ihr Werk. Der Osterhase und der Hofhahn unterhielten sich währenddessen und zeigten eine tiefe und wunderschöne Freundschaft. So erfuhren die Geschwister bis zum Morgen das Geheimnis. Denn die Hasen sind schnell und flink, aber von allen Farben können sie nur Blau und Grün erkennen. Das war bei der großen Farbenpracht zu wenig. So baten sie die Gefiederten um Hilfe. Die können nämlich alle Farben in den schillernden Tönen erkennen. Gern boten sie ihre Hilfe an. Und darum gibt es die Ostereier in allen Farben. Aber noch wichtiger ist die Erfahrung echter Freundschaft.

(Jürgen Kuhn)

JOHANNES 14,25–27
Das habe ich zu euch gesagt, während ich noch bei euch bin. Der Beistand aber, der Heilige Geist, den der Vater in meinem Namen senden wird, der wird euch alles lehren und euch an alles erinnern, was ich euch gesagt habe. Frieden hinterlasse ich euch, meinen Frieden gebe ich euch; nicht, wie die Welt ihn gibt, gebe ich ihn euch. Euer Herz beunruhige sich nicht und verzage nicht.

Jedes Schimpfwort,
das ich je
gesprochen habe,
möchte ich
von Herzen gern
löschen.
Keines dieser
Worte in der Kraft
aus negativer Energie
hat mein Leben
besser werden lassen.

Jedes Schimpfwort,
das ich nicht
gesprochen habe,
auch wenn es mit
Macht auf meiner
Zunge lag,
wurde in
Erinnerung daran
zum Edelstein.

Voller Dankbarkeit
empfinde ich
noch heute
sein Verschweigen.
Es hätte keinen
Sinn gehabt
und hätte sich
zu keinem Zweck
gelohnt.

Denkmale

07 **Der Hasenfuß**

Eigentlich sollte es anders sein. Doch auch heute noch benutzen einige Menschen unsere Schwestern und Brüder aus dem Tierreich in Streitaugenblicken und beschimpfen sich so gegenseitig. Am besten wäre sowieso eine Welt ohne Streit und Schimpfworte. Und am allerbesten wäre eine Welt ohne Tierbeleidigungen. Aber vielleicht wird es irgendwann so sein. Doch in der Gegenwart ist es noch so. Darüber wird sogar in der Hasenschule gesprochen. Die Hasenkinder dort können das nicht verstehen. Aber darum gehen sie ja in den Hasenunterricht und können dem Hasenlehrer alle Fragen stellen. Das mit den vielen traurigen Beispielen aus Stall und Wald und Hof und Wiese wird besonders um die Osterzeit besprochen. Denn auch die Hasen stehen in der Liste der Schimpfnamenwesen. Die Menschen nennen sie Mümmelmann und Klopfer. Sie geben ihnen auch Namen wie Meister Lampe oder Langohr. Der weise Osterhase mit der Brille auf der Nase und dem Zeigestock in der Pfote schreibt alles groß und deutlich an die Tafel. Dann erklärt er die Bedeutung. Das beruhigt die Hasenklasse. Denn eigentlich besagen sie nichts Kränkendes oder Verletzendes.

Die Stunde ist schon fast zu Ende. Da kommt noch eine Meldung. Die Menschen machen sich manchmal lustig, wenn jemanden der Mut verlässt, und wenn jemand vor Angst und Schrecken davonläuft. »Der Hasenfuß ergreift das Hasenpanier«, sagen sie dann und lachen. Wie kommen die Zweibeiner nur auf diese Idee? Das muss erklärt werden. Hasenfuß klingt eben sehr nach Angsthase. Alle Lebewesen haben irgendwann einmal Angst. Und dennoch darf niemand darüber lachen. Außerdem erzählt die Geschichte etwas ganz anderes.

Knut der Große war König in Dänemark, Norwegen und England. Er und seine Frau Alfiva bekamen um das Jahr 1016 einen kleinen Sohn. Dem gaben sie den Namen Harald. Nach aufregenden Jahren, in denen es um Macht und Reichtum ging, wurde Harald schließlich König von England. Das war in der Zeit von 1035 bis 1040. Die Leute nannten ihn damals Harald I. Harefoot. Sie gaben ihm den Namen Harefoot. Das bedeutet in unserer Sprache Hasenfuß. Harald I. Hasenfuß hatte sich diesen Namen auf besondere Weise verdient. Bei der Jagd war er flink und mutig wie ein Hase, der viele Gefahren geschickt überwinden muss. So ist der Titel Hasenfuß die Ehrenbezeichnung für einen König und alles andere als abwertend. Da läutete die Hasenschulpausenklingel und alle strömten aus der Hasenklasse auf den Hasenschulhof. Und alle Hasenkinder versprachen einander für immer und ewig, nie mehr auch nur ein Schimpfwort zu benutzen, keines aus der Tiersprache und auch keines aus der Menschensprache.

(Britta Grothues)

MATTHÄUS 7,1–3

Richtet nicht, damit ihr nicht gerichtet werdet! Denn wie ihr richtet, so werdet ihr gerichtet werden, und nach dem Maß, mit dem ihr messt, werdet ihr gemessen werden. Warum siehst du den Splitter im Auge deines Bruders, aber den Balken in deinem Auge bemerkst du nicht? Oder wie kannst du zu deinem Bruder sagen: Lass mich den Splitter aus deinem Auge herausziehen! – und siehe, in deinem Auge steckt ein Balken!

Die Fastenzeit beginnt
mit Aschermittwoch,
und das klingt nach
Umkehr und Verzicht,
ein wenig wie an Neujahr
mit immer alten,
selten neuen Vorsätzen.

Die vielen
Fastenzeitideen,
die dann vorgenommen
werden,
erzählen oftmals
von Kapiteln
aus den Regionen von
Leib und Seele,
die noch darauf warten,
in gesunder Weise
jeden Tag und immer neu
beherrscht zu werden.

So ist Fasten
jene Selbstbeherrschung,
die die eigene Person
im tiefsten Wesen
angeht.
Wenn das Selbst
sich selbst beherrscht,
wird es lernen
und letztendlich wissen,
wer und wie es ist.

08 **Das Verdikt aus dem Vatikan**

Es gab in der Geschichte der Kirche Zeiten mit gewaltigen Klöstern. Darin lebten Mönche und Nonnen in großer Zahl. Diese Zeilen entstammen ausschließlich mündlicher Überlieferung. An einem gemütlichen Abend in einer Unterkunft nahe der Via della Conciliazione und bei einem guten Glas Wein erzählte der Leiter einer Gruppe davon. Diese war auf Pilgerfahrt und fühlte sich in der Nähe zum Vatikan und zum Petersdom wie zu Hause. Nur ein kurzer Gehweg führte zum Petersplatz mit dem großen Obelisken in der Mitte. Dieser diente ihnen zu vereinbarten Zeiten gern als Treffpunkt. Aber jetzt saßen sie nach einem dichten Tagesprogramm zusammen und lauschten den römischen und vatikanischen Geschichten ihres kundigen Begleiters. Die heilige Messe in einer Seitenkapelle des Petersdomes und der anschließende Besuch der Vatikanischen Museen mit der überwältigenden Sixtina war beeindruckend. Doch nach dem Abendessen mit den regionalen Köstlichkeiten tat Ruhe nun gut. Sie prosteten einander zu und bemerkten schmunzelnd die Verwendung alkoholischer Getränke in den Klöstern. Es war ein fröhliches Hin und Her von Verständnis und Anfrage. Und so kam es zu folgendem Bericht.

Für die Belegschaft eines Klosters galten in der Tat und ganz besonders in der Fastenzeit strenge Regeln. Aus irgendeinem Grund betraf das irgendwann vornehmlich feste Speisen. Zudem gab es kraftraubende und lange Tagesabläufe voller anstrengender und kalorienzehrender Arbeit. Nun war das Bier, besonders in seiner Starkform, bekannt für gehobene Stimmung und die Auffrischung verbrauchter Energien. Und so erhielten die frommen Leute hinter den alten Mauern ihr tägliches Deputat von bis zu fünf Litern an eben diesem Gerstensaft. Das wiederum erhöhte die österliche Vorfreude und beeinflusste auch den heiligen Chorgesang zu den Gebetszeiten.

Das nahm ein bayerischer Bischof mit strenger Miene wahr und wollte regulierend dagegen vorgehen. Von höchster Kirchenstelle wollte er eine Verfügung erreichen und diese den Trinkfrommen vorlegen. Am liebsten hätte er ein eisernes Verbot erreicht. So stellte er eine Gesandtschaft zusammen mit dem Auftrag eindrucksvoller Darstellung seines Problems vor den römischen Würdenträgern. Die Gesandten begaben sich dann auch auf den Weg und erreichte nach etlichen Tagen müde und erschöpft die Ewige Stadt. Dort vereinbarten sie eine Zeit und durften schließlich vor einigen Kurienkardinälen das Anliegen vortragen. Denen war das Getränk aus Hopfen und Malz und Wasser völlig unbekannt. Ihre Geschmacksvorstellungen orientierten sich an Barolo und Amarone und anderen Köstlichkeiten kunstvoller Kelterei. Sie forderten nun eine Gustation der in Frage stehenden Getränke.

Also schlugen die bayerischen Boten ein mitgeführtes Bierfass an und reichen den hohen Herren jeweils eine Maß mit einer gehörigen Bierkrone. Mit beiden Händen führten die rotgewandeten Verkoster die Krüge an die verwöhnten Lippen und zuckten mit entsetzter Miene bei dem ersten Schluck des warmen Bieres zurück. Mit sichtlicher Abneigung stellten sie das Objekt ihrer Untersuchung zur Seite und begaben sich in einen Nebenraum zur Besprechung.

Diese dauerte nicht lange. Da kamen sie wieder zurück und verlasen den Wartenden folgendes Verdikt mit vatikanischer Verbindlichkeit. Darin wurde zur Gültigkeit und besonders für die Fastenzeit verfügt: »In poenitentiam bibant!« Noch am selben Tag brach die Gruppe wieder auf. Nach ihrem Eintreffen in der heimischen Diözese irgendwo in Bayern verkündeten sie dann auf einer mit Spannung erwarteten Versammlung: »In poenitentiam bibant!« Das heißt: »Zur Buße sollen sie es trinken!« (»Luja, sog I!«)

(Detlef Kuhn)

MATTHÄUS 6,16–18

Wenn ihr fastet, macht kein finsteres Gesicht wie die Heuchler! Sie geben sich ein trübseliges Aussehen, damit die Leute merken, dass sie fasten. Amen, ich sage euch: Sie haben ihren Lohn bereits erhalten. Du aber, wenn du fastest, salbe dein Haupt und wasche dein Gesicht, damit die Leute nicht merken, dass du fastest, sondern nur dein Vater, der im Verborgenen ist; und dein Vater, der das Verborgene sieht, wird es dir vergelten.

In Freiheit
und Bereitschaft
jene Zeit zu leben
und zu gestalten,
die nur einmal
zur Verfügung steht,
lehrt die Behutsamkeit,
mit Kostbarkeiten
umzugehen.

Die Wesen
aus dem Sternenstaub
des Universums
sind sich bewusst,
dass es sie gibt
und dass sie denken können.

Sie haben ein Bewusstsein
und können Tag für Tag
in Freiheit
und Bereitschaft planen
und in grenzenloser
Kreativität gestalten.

Sie können das zur Wahrheit
führen,
was sie unvollkommen
gut und heilig nennen.
Sie können Fehler eingestehen
und immer wieder
neu beginnen.

09 **Simon von Cyrene**

Von der Klosterpforte her klang herzliches Lachen durch die alten Gänge und tanzte entlang der Gewölbe aus alter Zeit. Dort verbrachte ein sehr betagter Mönch die Abendzeit seines Lebens. Im strengen Ordensleben hatte er sich einen eigenen Humor und eine sehr besondere Freundlichkeit angeeignet und bewahrt. Sein Haupt war mit den Jahren leuchtend kahl geworden. Sein mächtiger Bart hob sich silbern von dem dunklen Habit ab. Aus seinem Gesicht strahlten zwei leuchtende Augen und begrüßten die Gäste schon vor dem ersten Willkommenswort. Er verfügte über ein wohl unendliches Repertoire an lustigen und fröhlichen Bemerkungen. Seine Lebenserfahrung und seine liebevolle Menschenkenntnis spielten ihm immer das richtige Wort im richtigen Augenblick für die eintreffenden Gäste zu. Stolz zeigte er allen eine außergewöhnliche Sammlung aus Zigarrenbanderolen. Er selber hatte in seinem langen Leben nicht eine einzige Zigarre geraucht. Doch zu jedem dieser kleinen Kunstwerke wusste er eine Geschichte zu erzählen. Die bunten Ringe hatten sich seit seiner Jugend bei ihm angesammelt. Jetzt im Alter durfte er auf eine ansehnliche Anzahl blicken, und er zeigte sie der staunenden Besucherschaft gern.

An einem Nachmittag traf eine Gruppe junger Priester kurz nach ihrer Primiz zu Einkehrtagen ein und wurde in herzberührender Gastlichkeit empfangen. Die Begegnung mit dem außergewöhnlichen Pförtner führte sie ungezwungen in Stille und Nachdenken ein. Immer wieder trafen sie sich dort am Klostereingang und hörten dem Alten gern zu. Seine Anwesenheit erfüllte den schlichten Raum mit einem Leben nicht von dieser Welt. Es zog sie einfach zu ihm hin. Sie standen noch am Anfang ihres Berufes. Er hatte schon ein hohes Alter erreicht und war mit seinem Ende vertraut. Doch er lachte und redete und lebte frei und begeistert in jeden neuen Tag hinein. Alles war für ihn voller Wunder und voller Liebe und voller Gott.

An einem Abend waren die Neupriester noch im Klostergarten und sprachen über viele Dinge. Da sahen sie den Alten. Er verließ seinen Platz und begab sich auf den Weg in seine Zelle. Jeder Schritt und jede Bewegung schien ihn mit Schmerzen zu erfüllen. Seine beanspruchten Gelenke waren von einer fortgeschrittenen Arthrose belegt. Doch sein Gesicht schmunzelte vielsagend und vielwissend in sich hinein. Am nächsten Morgen war Aufbruch. Noch einmal versammelten sie sich bei ihm. Da blickte er sie an und bat um den Primizsegen. Er kniete unter Schmerzen nieder und lächelte dabei. Dann wiederholte er seine Bitte. Sie streckten ihre Arme über ihn und erfüllten seinen Wunsch. Ganz zum Schluss fragten sie ihn nach der Kraft, Schmerzen zu ertragen und Fröhlichkeit zu bewahren. Da zwinkerte er ihnen etwas verlegen zu und sagte: »Ich bin an jedem Tag und immer neu auf meine Art ein Simon von Cyrene und helfe meinem Herrn das Kreuz zu tragen. Mit ihm bin ich mein Leben lang unterwegs, und das macht mich sehr froh und glücklich. Ich werde für euch beten. Macht es gut!«

(Jürgen Kuhn)

MARKUS 15,20–22
Dann führten sie Jesus hinaus, um ihn zu kreuzigen. Einen Mann, der gerade vom Feld kam, Simon von Kyrene, den Vater des Alexander und des Rufus, zwangen sie, sein Kreuz zu tragen. Und sie brachten Jesus an einen Ort namens Golgota, das heißt übersetzt: Schädelhöhe.

Ostergedanken (Lichtgedanken)

In jedem Menschen
wirkt ein Wunder,
eine Kernkraft
mit der Strahlenwirkung
für die Ewigkeit.
Sie ist noch
unerforscht
und schwach entwickelt.

Doch wenn es
denen auf der Erde
einst gelingen sollte,
mit dieser
Herzensenergie
in kluger Weise
zu agieren,
beträte Homo sapiens
ganz neue
Dimensionen.

Es ist schon alles da,
im Menschengeist,
im Menschenherzen,
nur leicht
verborgen,
und könnte noch an
diesem Tag
dort, wo sie
jeweils freigegeben wird,
erneuern und verändern.

10 Außerirdische

Damit hatte niemand gerechnet. Es gab sie also wirklich. In den Phantasiebildern waren sie Aliens mit erschreckendem Aussehen. Filme gab es über sie mit grausamen Angriffsszenarien. Jetzt waren sie tatsächlich gekommen. Ihre Fluggeräte sahen aus wie Fliegende Untertassen. Das passte genau in die alten Vorstellungen. Die Abwehreinrichtungen der Welt hatten ihr Kommen lange vor ihrem Eintreffen registriert. Die Kriegsmaschinerie der Menschen war in höchster Alarmbereitschaft. Auf den Schlachtfeldern der Welt wurde ein globaler Waffenstillstand beschlossen. Alles konzentrierte sich auf die Bedrohung aus dem Weltall. Kriegsminister und Präsidenten trafen sich zur Beratung in atomsicheren Bunkern. Woher kamen sie? Wie konnten sie die unendlichen Entfernungen im Universum bis hierher überwinden?

Dann waren sie da. Wie riesige Wurfscheiben erschienen sie silberglänzend am Himmel. Rundum befand sich ein Kranz von Aussichtsluken. Dazwischen suchten bewegliche Strahler die Umgebung ab. Sie kamen lautlos und in großer Zahl. Die Menschen rechneten mit dem Schlimmsten. Gegen eine derartige extraterrale Übermacht gab es keine Hoffnung. Dennoch setzten sie ihr Kriegswerkzeug ein. Das gesamte nukleare Potential wurde mobilisiert. Doch stellte sich dessen Wirkungslosigkeit schnell heraus. Mit aller Kriegsfertigkeit konnten sie gegen die Ankömmlinge aus dem All nichts ausrichten. Schließlich waren alle Bomben und Raketen, alle Geschosse und Patronen aufgebraucht. Vollkommene Stille breitete sich aus. In dieses Weltschweigen hinein erschienen sie. Sie kamen in Menschengestalt. Auf geheimnisvolle Weise konnten sie die Erdsprache verstehen und sich darin auch verständlich machen. Sie wunderten sich über den Empfang. Ihr Miteinander kannte nicht die Begriffe von Krieg und Feindschaft. Andere Dimensionen waren für sie unendlich bedeutsamer.

In ihnen wirkte eine Kernkraft. Sie ging in einer Strahlenenergie von ihnen aus bis in das Zentrum der Erdenleute. Die Menschen schienen eine schwache Ahnung davon zu haben. Es kam ihnen ansatzweise bekannt vor. In der Nähe der galaktischen Kommission fühlten sie sich wohl. Ängste waren gewichen. Über allem lag ein beruhigendes Schweigen. Aber es taugte nicht für Kriege und Derartiges. Doch ihr menschliches Bemühen ging noch andere Wege. Ratlosigkeit breitete sich aus. Wie sollte es nun weitergehen nach diesem Erlebnis und ohne Waffen und Munition? Doch die Außerirdischen wollten lediglich einen Freundschaftsbesuch abstatten. Als Gastgeschenk ließen sie der Welt den Schatz der inneren Kernkraft mit ihrer alles erfassenden Ausstrahlung zurück. Dann starteten sie und entschwanden unhörbar in den Weiten des Universums.

(Jürgen Kuhn)

LUKAS 24,30–35
Und es geschah, als er mit ihnen bei Tisch war, nahm er das Brot, sprach den Lobpreis, brach es und gab es ihnen. Da wurden ihre Augen aufgetan und sie erkannten ihn; und er entschwand ihren Blicken. Und sie sagten zueinander: Brannte nicht unser Herz in uns, als er unterwegs mit uns redete und uns den Sinn der Schriften eröffnete? Noch in derselben Stunde brachen sie auf und kehrten nach Jerusalem zurück und sie fanden die Elf und die mit ihnen versammelt waren. Diese sagten: Der Herr ist wirklich auferstanden und ist dem Simon erschienen. Da erzählten auch sie, was sie unterwegs erlebt und wie sie ihn erkannt hatten, als er das Brot brach.

Mainstream

Was für ein Mensch,
der gegen eine
Übermacht mit
Leib und Seele
für das Gute eintritt.

Was für ein Geist,
der in beängstigender
Minderheit
von Herzen
liebevoll
der Wahrheit
gute Worte schenkt.

Was für ein Mut,
der auch
das Risko eingeht,
dass seine Hilfe
für die Unterdrückten
für ihn zum
Nachteil werden kann.

Was für ein Herz,
das mitten in der Menge
nicht mitmacht
und nicht mitläuft
und nicht wegsieht,
sondern als ein Menschenherz
ganz einfach mitfühlt.

11 In einem Bürohaus

In einem Bürohaus mit mehreren Etagen und einer namenlosen Großzahl an Angestellten geschieht an einem Ort täglich menschliches Leid. Ein Mitarbeiter ist aufgrund gesundheitlicher Einschränkungen nur begrenzt arbeitsfähig. Aus diesem Grund ist ihm ärztlicherseits eine im Blick auf die Vollzeitarbeitskräfte geringere Zeit am Arbeitsplatz gestattet. Eine Versicherung federt die finanzielle Einbuße ab. Das erfüllt Menschen um ihn herum mit Missgunst. Einige Alteingesessene mit durchaus herausragenden Bürofähigkeiten bilden eine eigene Gruppe in dem Getriebe. Sie sind stark und kompetent und gefürchtet. Die schwache Teamleiterin stellt sich gut mit ihnen und ist ohne Mut und Kraft zur Kritik ihres unerträglichen Verhaltens gegenüber diesem Mann in der Abteilung. Es ist Herr O. Sie haben ihn zum Opfer erkoren und fügen ihm immer neue Kränkungen und Bloßstellungen zu. Er ist ausgestoßen. Mit ihm wird nicht gesprochen. Das ist stillschweigend und allgemein vorgeschrieben. Vergehen gegen dieses Gesetz werden von den Starken unbarmherzig geahndet. Für Herrn O bedeutet das eine tägliche Belastung über die Grenzen der Erträglichkeit hinaus. Schon am Abend fürchtet er den Morgen und wacht mit Magenkrämpfen und Kopfschmerzen auf. Die Angst vor jedem neuen Tag begleitet ihn auf dem Weg dorthin. Dann wird er von dieser kalten Herzlosigkeit empfangen und ist den Demütigungen einer kleinen Gruppe schutzlos ausgeliefert. Er gibt sein Bestes und arbeitet gut. Doch er ist gebrandmarkt und findet kein Wort der Anerkennung oder Ermutigung.

An einem Tag jedoch geschieht etwas Unerwartetes. Ein Neuer ist erschienen und findet den einzigen freien Schreibtisch neben Herrn O. Die Bestimmer rufen ihn sofort in ihren Kreis und instruieren ihn. Das geschieht leise und nachdrücklich. Warnung und Drohung klingen mit in ihren Einführungen. Die Machtverhältnisse werden deutlich. Hier herrschen eigene Strukturen. Das wissen auch die unmittelbar Vorgesetzten und schweigen verängstigt dazu. Mit einem freundlichen Gruß bedankt sich der Neue und setzt sich auf seinen Stuhl. Er lächelt seinem Gegenüber O freundlich zu und stellt sich mit Namen und Kurzinformationen vor. Das wird wahrgenommen und mit Blicken aus Argwohn und Empörung begleitet. Der der Neue fährt unbeeindruckt fort. Herr O erkennt die Situation und weist seinem Schreibtischnachbarn darauf hin. Der lächelt und lädt Herrn O zum besseren Kennenlernen auf ein Glas Bier am Feierabend in die gegenüberliegende Gaststätte ein. Über allem liegt nun ein eisiges Schweigen. Alle habe den Ernst der Lage verstanden. Niemand redet ein Wort. Nur der Neue plaudert unbeeindruckt und erzählt dieses und jenes aus seinem Leben. Herr O ist in sich zusammengesunken und ahnt das Schlimmste. Doch nach Dienstschluss treffen sie sich wie vereinbart.

Es entwickelt sich ein langes Gespräch. In dieser Nacht findet Herr O keinen Schlaf. Der Gedanke an den nächsten Morgen quält ihn. Das werden die sich nicht bieten lassen. Vor dem Bürohaupteingang trifft er den Neuen. Gemeinsam nehmen sie den Aufzug und erreichen ihre Etage im achten Stockwerk. Sie werden schon erwartet. Herr O möchte am liebsten davonrennen und nie mehr wiederkommen. Der Neue bleibt ruhig. Er scheint die nahende Gefahr nicht zu ahnen. Da tritt durch die Bürotür unangemeldet der Betriebsleiter. Das verändert die Situation vollkommen. So etwas ist noch nicht vorgekommen. Es ist eine Spannung entstanden. Dahinein informiert er die anwesenden Damen und Herren von dem unmittelbar bevorstehenden Eintreffen des Eigentümers. Von dem kennen sie alle nur den Namen. Er ist höchst erfolgreich und wohlhabend. Und nun kommt er persönlich zu ihnen hierher an einem Tag mitten in der Woche. Mit ganzer Konzentration begeben sie sich an die Arbeit und bemühen sich um den besten Eindruck.

Herr O sitzt in sich verängstigt da und befasst sich wie alle anderen mit der Arbeitsmaterie. Der Neue hat sich trotz allgemeiner Anspannung kurz zum Händewaschen entschuldigt. Dann ist es soweit. Von vielen wichtigen Persönlichkeiten begleitet, erscheint der Chef des Unternehmens. Er lächelt. Seine Augen blicken ein wenig schelmisch in den Raum. Es ist der Neue. Im Bemühen um eine Verbesserung der Arbeitsbedingungen hat er sich, wie nur wenigen bekannt war, seit einigen Wochen in den Filialen seines Imperiums aufgehalten. Nun dankt er allen für die großartigen Leistungen. Mit keinem Wort erwähnt er Negatives. Nur manchmal treffen seine Augen die entsetzten Blicke der Mächtigen. Sie haben verstanden. Alle erhalten eine großzügige Gehaltserhöhung mit gehöriger Nachzahlung. Dann winkt er unter dem dankenden Beifall aller und verlässt den Raum. In der Tür wendet er sich noch einmal um und ruft Herrn O zu: »Ach ja, Herr O, ab heute sind Sie mein privater Berater in Personalfragen. Kommen Sie doch am besten direkt mit!«

(Britta Grothues)

JOHANNES 19,1–6
Darauf nahm Pilatus Jesus und ließ ihn geißeln. Die Soldaten flochten einen Kranz aus Dornen; den setzten sie ihm auf das Haupt und legten ihm einen purpurroten Mantel um. Sie traten an ihn heran und sagten: Sei gegrüßt, König der Juden! Und sie schlugen ihm ins Gesicht. Pilatus ging wieder hinaus und sagte zu ihnen: Seht, ich bringe ihn zu euch heraus; ihr sollt wissen, dass ich keine Schuld an ihm finde. Jesus kam heraus; er trug die Dornenkrone und den purpurroten Mantel. Pilatus sagte zu ihnen: Seht, der Mensch! Als die Hohepriester und die Diener ihn sahen, schrien sie: Kreuzige ihn, kreuzige ihn! Pilatus sagte zu ihnen: Nehmt ihr ihn und kreuzigt ihn! Denn ich finde keine Schuld an ihm.

Die vielen
Menschenworte
können vieles
sagen
und beschreiben.

Mit Worten
in den Sprachen
aller Völker werden
Sätze formuliert,
die über
Krieg und Frieden
gehen und entscheiden.

Doch gibt es
unter Menschen
jene Ahnung,
die als Gefühl
und staunende
Vermutung
von Menschenworten
nur begrenzt
beschrieben werden
kann.

Es gibt gedachte
Möglichkeiten,
die größer sind,
als dass ein Sprachversuch
es voll und ganz zum
Ausdruck bringen könnte.

12 Eine alte Legende

Eine alte Legende berichtet von zwei Mönchen aus dem Mittelalter. Mit zunehmendem Alter beschäftigten sie sich mit dem Gedanken der Auferstehung. Allabendlich trafen sie sich im Kreuzgang des Klosters und philosophierten und theologisierten über das Paradies und über das Leben nach dem Tod. Was verspricht die Auferstehung von Seele und Leib? Was ist ein verklärter Körper? Bei den Evangelisten Markus und Lukas und Johannes fand Maria aus Magdala mit den Frauen den Stein vom Grab schon zur Seite gerollt. Das Grab war leer. Engel und Boten erschienen ihnen und gaben Auskunft. Bei Matthäus finden sie das verschlossene Grab. Wie ein Blitz vom Himmel erscheint eine Gestalt und wälzt den Stein zur Seite. Das verschlossene Grab ist leer. Sie sprechen über die Zweifel der Jünger und benutzen ihr Vokabular zur Erklärung und zur Deutung. Ein Leben lang haben sie dem Herrn nach den Mönchsregeln gedient und sind ihren Weg gegangen. Sie haben Jahr für Jahr das Osterfest gefeiert und den Menschen die Botschaft von der Auferstehung verkündigt. Jetzt sind sie alt geworden und haben Zeit für die Gedanken über die Zeit hinaus. So entwickeln sie ihre eigene Idee von der Auferstehung und von dem Leben im Paradies. Darüber geraten sie regelrecht ins Schwärmen und finden immer neue Bilder von der Lichtfülle der Herrlichkeit im Leben nach der Auferstehung. Schließlich werden sie sich einig auf dem Boden ihrer Vorstellung. Sie haben aus der Fülle ihres Wissens geschöpft und Bilder und Glaubenssätze weiter ausgeführt. So schließen die beiden Mönchsbrüder einen Pakt. Im Bewusstsein der Menschlichkeit ihrer Himmelserwartungen vereinbaren sie ein Abkommen.

Der Pakt besagte Folgendes: Derjenige von ihnen, der als Erster durch das Tor des Todes gehen würde, sollte am Abend darauf dem anderen erscheinen und lediglich mit einem lateinischen Wort die Wahrheit des Ewigen Lebens bezeugen. Sollte also alles so sein, dass es dem Inhalt ihrer langen Gespräche entsprach, dann wäre die Antwort »totaliter«. Das bedeutet: Es ist genauso, wie wir es vermutet haben. Im anderen Fall stünde das Wort »aliter«. Das bedeutet: Es ist anders, als wir gedacht haben. So vergingen die letzten Wochen und Tage. Schließlich kam für einen der beiden der große Augenblick. In schweigendes Gebet vertieft, saß der andere am Lager des Confraters. Noch im letzten Atemzug bekräftigte dieser das Versprechen und empfahl sich dann ganz der Liebe seines Herrn. Am nächsten Abend geschah es dann. Er hielt sein Wort und erschien dem anderen in dessen Klosterzelle. Der kniete atemlos auf seiner Kniebank und lauschte der Kunde aus dem Jenseits. Eines nur war anders als besprochen. Die Botschaft bestand nicht nur aus einem Wort, sondern aus einer Wortfolge. Und so vernahm der staunende Mönch: »Nec totaliter nec aliter, sed totaliter aliter.« Das bedeutet: Es ist dort nicht genauso und auch nicht anders, sondern vollkommen anders. Nur wenige Tage später folgte der Mönch seinem Mitbruder. So leben sie in einem Reich, dessen Licht Gott selber und dessen Leben seine Liebe ist.

(Detlef Kuhn)

LUKAS 16,1–7
Am ersten Tag der Woche gingen die Frauen mit den wohlriechenden Salben, die sie zubereitet hatten, in aller Frühe zum Grab. Da sahen sie, dass der Stein vom Grab weggewälzt war; sie gingen hinein, aber den Leichnam Jesu, des Herrn, fanden sie nicht. Und es geschah, während sie darüber ratlos waren, siehe, da traten zwei Männer in leuchtenden Gewändern zu ihnen. Die Frauen erschraken und blickten zu Boden. Die Männer aber sagten zu ihnen: Was sucht ihr den Lebenden bei den Toten? Er ist nicht hier, sondern er ist auferstanden. Erinnert euch an das, was er euch gesagt hat, als er noch in Galiläa war: Der Menschensohn muss in die Hände sündiger Menschen ausgeliefert und gekreuzigt werden und am dritten Tag auferstehen.

Wenn alles
wieder gut ist
und eine
Restschuld
nicht mehr
nachgetragen wird;
wenn liebevolle
Worte in ein
neues Miteinander
führen;
wenn die
Erlösungsnachricht
»Es ist alles wieder gut!«
das Ohr erreicht
und tief
bis in die Seele geht –
dann gehen
Menschenschritte
wie auf Wolken
und Menschenherzen
stimmen Lieder an.

Erlösungsworte
und Versöhnungsgesten
klingen in Augenblicken,
die gefeiert
werden wollen.
Das Leben wird dann
weitergehen in dem
Bewusstsein
österlicher Botschaft.

13 Das rote Ei

Vor vielen Jahren stand die Landbevölkerung noch im Frondienst und musste an den Fronherrn zur gegebenen Zeit Steuern aus den Erträgen ihrer Arbeit abliefern. Das lastete schwer auf den Schultern der Menschen und führte nicht selten in die Armut. Die Schergen der Mächtigen trieben das Geforderte an Zeit und Arbeitskraft und Besitz erbarmungslos ein. Besonders in der dunklen Jahreszeit gingen die Sommervorräte zur Neige. Nur mit Mühe konnten die Landleute ihre Fronpflichten erfüllen und abliefern.

Im Frühjahr war schließlich das allermeiste aufgebraucht. So verlangte eine laut ausgerufene Verfügung das Abtragen der Restschuld mit Hühnereiern. Damit kamen die Familien dann zur Burg und übergaben das Vollmaß ihrer Steuern in Form von Eiern. Mit der Zeit entwickelte sich dabei ein ganz besonderer Brauch. Das letzte von allen Eiern wurde rot gefärbt. Damit war die gesamte Restschuld beglichen. Wie erlöst gingen die Familien zurück in ihre Kotten und atmeten zu Ostern erleichtert auf.

Diese Geschichte erzählte der alte und gütige Pater Josef den Kindern vor der Osterbeichte. Das wiederholte sich in jedem Jahr und war immer wieder neu. Auf einem kleinen Tisch in der Mitte des Hauptganges verdeckte ein weißes Tuch ein allgemein bekanntes Geheimnis. Dann stellten sich die Mädchen und Jungen in langer Reihe rechts und links vom Beichtstuhl auf und bereiteten sich auf das Osterfest vor. Danach kam Pater Josef heraus und segnete mit einem Gebet die leuchtend roten Eier in einem großen Korb auf dem Tisch unter dem Tuch. Jedes Kind erhielt nun ein gesegnetes Ei für sich und für die Mitglieder der jeweiligen Familie. Sie trugen sie dann ehrfurchtsvoll und behutsam nach Hause. Sie waren für den Ostermorgen bestimmt. Am Morgen stand schließlich in den Häusern nach der Osterliturgie zum Frühstück eines jener gesegneten roten Eier. Es erinnerte die Großen und Kleinen an das Wunder der österlichen Erlösung.

Alles Dunkle war besiegt. Die Restschuld war beglichen. Es war dieses befreite Gefühl nach einer Versöhnung und zum Neubeginn. Alles war wieder gut. Das Leben hatte gesiegt. Die Welt war für das Gute befreit. Und als die Kinder nach dem Morgenmahl in den Garten liefen und die bunten Ostereier in den Nestern mit Schokoladenhasen suchten, klang in allen das österliche Halleluja nach, das Pater Josef in der Osternacht vor dem Evangelium von der Auferstehung aus vollem Halse gesungen hatte.

(Jürgen Kuhn)

Wunderahnung

Lukas 23,36–43

Auch die Soldaten verspotteten ihn; sie traten vor ihn hin, reichten ihm Essig und sagten: Wenn du der König der Juden bist, dann rette dich selbst! Über ihm war eine Aufschrift angebracht: Das ist der König der Juden. Einer der Verbrecher, die neben ihm hingen, verhöhnte ihn: Bist du denn nicht der Christus? Dann rette dich selbst und auch uns! Der andere aber wies ihn zurecht und sagte: Nicht einmal du fürchtest Gott? Dich hat doch das gleiche Urteil getroffen. Uns geschieht recht, wir erhalten den Lohn für unsere Taten; dieser aber hat nichts Unrechtes getan. Dann sagte er: Jesus, denk an mich, wenn du in dein Reich kommst! Jesus antwortete ihm: Amen, ich sage dir: Heute noch wirst du mit mir im Paradies sein.

Die Idee
vom Neuen Menschen,
der sich
selbstbewusst
und zielgerichtet
auf die Dinge
konzentriert,
die aller Welt von
gutem Nutzen sind!

Der Neue Mensch
besitzt den
Schlüssel,
neue Türen
aufzuschließen
und voller Staunen
Neues zu entdecken.

Der Neue Mensch
ist hochmodern
und weiß um
Sternenwunder,
die an jedem Tag
geschehen.

Der Neue Mensch
bringt
Neues Leben in die Welt
und geht
in reiner Lebensfreude
über Wolken.

14 Das Jahrestreffen

Einmal im Jahr trafen sie sich. Die Einladung dazu ging reihum und wechselte demgemäß in festem Rhythmus ab. Irgendwann waren sie einander begegnet. Sie fühlten eine eigenartige Herzverwandtschaft und beschlossen, Kontakt zu halten. So traf sich auf zugegebenermaßen mystische Art und Weise diese durchaus außergewöhnliche Gesellschaft. In diesem Jahr lud als aufmerksame Gastgeberin Josephine ein. Blitzsauberes Geschirr aus feinem Hause zierte die liebevoll gedeckte Kaffeetafel. Mit Spannung und Freude erwartete sie ihre Gäste. Da läutete es an der Tür. Josephine ging hin und öffnete. Es war Melitta. Mit einer herzlichen Umarmung wurde sie begrüßt und in die großzügigen Räumlichkeiten geführt. Der Duft von Kaffee lag über allem und lud zum gemütlichen Beisammensein ein. Es folgte Maria. Sie brachte immer eine Herzlichkeit mit in die Runde und strahlte wohltuende Wärme aus. Dann traf Emil ein. Er hatte sich schon von draußen mit einem fröhlichen Pfeifen angemeldet. Schließlich kamen noch die Herren Thomas und George B. Der eine war auffallend gut gekleidet. Der andere erfreute sich offensichtlich in stabiler Regelmäßigkeit ausgiebiger Gaumenfreuden.

Zum Schlag der alten Standuhr saß die Runde um den Tisch versammelt. Zeit war ohne Bedeutung. Doch das Klingen der Uhr war Tradition. Im Hintergrund war klassische Musik zu hören. Der Kaffee war ganz ausgezeichnet. Schnell kam das Gespräch in Bewegung. Sie kannten einander. In durchaus ausgiebigen Ausführungen priesen sie den menschlichen Geist. Jeder Mensch hinterlässt Spuren. Bisweilen gewaltige und bisweilen unscheinbare. Sie wussten darum. Manchmal wachsen aus bescheidenen Anfängen wahre Wunder und stellen sich in den Dienst der Menschen. Sie bedauerten nachdrücklich jede Verirrung menschlicher Intelligenz. Sie wünschten weniger für sich als für die ganze Menschheit ein neues Denken von Neuen Menschen. Sie wussten, dass in jeder Generation der Geist und die Kraft dazu vorliegen. Darüber wurde es Abend. Abschließend wurde noch das nächste Symposion festgelegt. Dann dankten sie für die Gastlichkeit, verabschiedeten sich und begaben sich auf den Heimweg.

Josephine Cochrane blieb und räumte das Geschirr in den Geschirrspüler, auf dessen Vorläufer sie im Jahre 1886 ein Patent erhalten hatte. Emil Berliner summte unterwegs noch eine Melodie und freute sich über die Entwicklung seiner Erfindung mit dem Namen Grammophon. Es störte ihn nicht, dass sein Begriff der Schallplatte anderen Erfindungen gewichen war. Auf seinem Heimweg dachte Thomas Saint über seine Erfindung nach und deren Bedeutung für viele Jahrzehnte. Im Jahr 1790 gab man ihm das Patent auf die erste Nähmaschine. Die war damals noch aus Holz und wurde handgekurbelt. George B. Simpson hatte in den 1850er-Jahren den Elektroherd ausgeklügelt. Unter dem Namen »electro heater« erhielt er darauf 1859 das US-Patent. Melitta Bentz erfand 1908 die Kaffeefilter aus Papier, und Maria Telkes schenkte mit ihrer Entdeckung nachfolgenden Menschen 1948 die Möglichkeit der Solarheizung. Sie gehören zu der wundervollen Gruppe von menschlichen Wesen, die ihren Verstand und ihr Können zum Nutzen anderer gebrauchten. Neue, wunderbare Menschen mit neuen wunderbaren Gedanken!

(Britta Grothues)

KOLOSSER 3,10–17

Ihr ... habt den neuen Menschen angezogen, der nach dem Bild seines Schöpfers erneuert wird, um ihn zu erkennen. Da gibt es dann nicht mehr Griechen und Juden, Beschnittene und Unbeschnittene, Barbaren, Skythen, Sklaven, Freie, sondern Christus ist alles und in allen. Bekleidet euch also, als Erwählte Gottes, Heilige und Geliebte, mit innigem Erbarmen, Güte, Demut, Milde, Geduld! Ertragt einander und vergebt einander, wenn einer dem anderen etwas vorzuwerfen hat! Wie der Herr euch vergeben hat, so vergebt auch ihr! Vor allem bekleidet euch mit der Liebe, die das Band der Vollkommenheit ist! Und der Friede Christi triumphiere in euren Herzen. Dazu seid ihr berufen als Glieder des einen Leibes. Seid dankbar! Das Wort Christi wohne mit seinem ganzen Reichtum bei euch. In aller Weisheit belehrt und ermahnt einander! Singt Gott Psalmen, Hymnen und geistliche Lieder in Dankbarkeit in euren Herzen! Alles, was ihr in Wort oder Werk tut, geschehe im Namen Jesu, des Herrn. Dankt Gott, dem Vater, durch ihn!

Zusammengesetzte
Tiere
gibt es nicht.
Und doch sind
sie als
Drachen in den
alten
Heldenabenteuern
wohlbekannt.

Sie hinterlassen
Angst und Schrecken
und legen
Spuren
aus Gewalt und
Untergang.

Und doch
ist ihnen keine
wahre Macht
gegeben.
Die Menschen haben
sie gefüttert
mit den Bildern
eigener Gedanken.

Ein klares Wort,
ein sicherer Entschluss
schlägt jeden Drachen
ohne Kraftanstrengung
in die Flucht.

15 Das Geheimnis des heiligen Georg

Zu Beginn des 4. Jahrhunderts n. Chr. ereignete sich an einem Teich nahe der Stadt Salem in Libyen Absonderliches. Dort sollte ein nimmersatter und gefährlicher Drache hausen. Bald waren erschreckende Beschreibungen in Umlauf. Noch niemand hatte ihn jemals tatsächlich zu Gesicht bekommen. Aber in den Köpfen der Einheimischen waren furchterregende Bilder entstanden. Der Kopf und der gewaltige Schweif ähnelten dem eines riesigen Krokodils. Seine Füße und Beine glichen den Pranken eines Bären. Sein Körper hatte Form und Kraft eines Löwen. Seine Größe maß sechs Ellen, beinahe drei Meter. Am Königshof fanden Beratungen statt. Auf deren Beschluss hin legten Delegationen in regelmäßigen Abständen Speisen aus der Stadt am Teichufer ab. So schien die Gefahr gebannt. Alles schien überschaubar und beherrschbar.

Doch mit der Zeit wuchs die Unersättlichkeit des Ungeheuers. Immer mehr von den städtischen Vorräten wurde vor das Stadttor zum Drachengewässer getragen und zur Schutzbezahlung hingegeben. Doch mit der Menge der Opfergaben wuchs der Appetit der Kreatur. Und die Leute von Salem bedienten den Hunger in zunehmendem Ausmaß. Schließlich waren die Speicher leer. Nun wurden Schafe und Ziegen ans Wasser getrieben. Später brachten sie auch die Rinder und Schweine. Doch nichts genügte. Schließlich sollten auch ihre Kinder und sogar die Königstochter geopfert werden.

Zu dieser Zeit kam ein junger Mann mit dem Namen Georg in diese Gegend und hörte von dem drohenden Entsetzen. Er stammte aus der Leibgarde des römischen Kaisers Diokletian und verstand sich auf den Umgang mit Schwert und Lanze. Er war im christlichen Glauben erzogen worden und kannte die Worte der Frohen Botschaft. So ritt er wie ein strahlender Held durch das

Stadttor und wurde mit großer Hoffnung empfangen. Der König selbst bat ihn um Hilfe. Ihm trauten sie den Kampf und den Sieg gegen das Untier zu. In allen Einzelheiten beschrieben sie die Wehrhaftigkeit des Drachen und sein Aussehen und seine Macht. Doch noch niemand hatte ihn gesehen. Da bekannte sich Georg als Christ und erzählte von seiner Furchtlosigkeit. An diesem Tag wurde keine Gabe zum Teich getragen. Doch am Abend saßen sie um den jungen Mann zusammen und lauschten seinen Gedanken. Dabei lernten sie alle Neues und erinnerten sich an Altes. Den Drachen gab es gar nicht. Es war ein zusammengesetztes Tier ohne Leben. Die Lebensweise in der Stadt hatte die Bilder ausufern lassen. Die eigene Unersättlichkeit wurde zum Monster. Das gegenseitige Misstrauen und die wachsende Selbstsucht brachten krokodilartige Bedrohung in die Häuser. Gewaltbereitschaft und Neid richteten wie die Pranken und die Naturkraft wilder Tiere aus Bär und Löwe unendlichen Schaden an. Am Anfang schien alles noch handhabbar zu sein.

Doch dann geriet diese verkehrte Lebensidee außer Kontrolle. Zum Schluss sollte sogar der Nachwuchs geopfert werden. Was für ein Irrtum! Was für ein Verrat am Menschen und an der Welt! So befreite der hl. Georg die Menschen von Salem von ihrer selbstgewählten und selbstgepflegten Angst. Er erklärte ihnen das erlöste Leben ohne Angst und Furcht und lud sie ein, neu zu beginnen in Freiheit und Wahrheit.

(Jürgen Kuhn)

Wunderahnung

Lukas 24,36–43

Während sie noch darüber redeten, trat er selbst in ihre Mitte und sagte zu ihnen: Friede sei mit euch! Sie erschraken und hatten große Angst, denn sie meinten, einen Geist zu sehen. Da sagte er zu ihnen: Was seid ihr so bestürzt? Warum lasst ihr in eurem Herzen Zweifel aufkommen? Seht meine Hände und meine Füße an: Ich bin es selbst. Fasst mich doch an und begreift: Kein Geist hat Fleisch und Knochen, wie ihr es bei mir seht. Bei diesen Worten zeigte er ihnen seine Hände und Füße. Als sie es aber vor Freude immer noch nicht glauben konnten und sich verwunderten, sagte er zu ihnen: Habt ihr etwas zu essen hier? Sie gaben ihm ein Stück gebratenen Fisch; er nahm es und aß es vor ihren Augen.

Von tausend
Wahrheiten
ist welche
gültig?
Von hunderttausend
Antworten
und Angeboten
zum Lebenssinn
ist welche
und ist welches
zuverlässig?

Das mag
durchaus verwirren
und auch
ratlos
werden lassen.
Doch in der
Vielzahl und der Vielfalt
bleibt die Hoffnung,
dass jede
dieser Wahrheiten
und Antworten
und jedes
dieser Angebote,
und wenn es nur
ein Funke ist,
berührt ist
von der großen,
letzten Wahrheit,
die unendlich ist.

16 **Die drei Rätsel und die Kelle**

Für die Suche nach dem Sinn des Lebens ist jedem Menschen ein besonderer Weg gegeben. Der Grund dafür liegt in der jeweiligen Einmaligkeit und in der Einzigartigkeit. Gelegentlich scheint das Alltagsgeschehen in Irrwege und Sackgassen zu führen. Doch am Ende ist es immer dieser eine ganz persönliche Weg. Nur das Selbst mit dem Ich setzt darauf vorwärts oder rückwärts Schritt für Schritt. Die Dauer dieser Strecke ergibt sich aus der Lebenszeit für alle unterschiedlich.

Davon träumte einstens eine alte Frau und begab sich in Schlafbildern auf diese Wanderung. Es war ein langer Gang und führte wie eine endlose Höhle durch Windungen immer weiter. An den Wänden leuchteten Fackeln. So gelangte sie an eine Tür. Die war verschlossen. Von der anderen Seite vernahm sie eine Stimme. »Das hier ist die erste Tür. Du wirst sie nur öffnen können, wenn du das Geheimnis dieses Ortes lösen und verstehen kannst.« Die Alte hörte aufmerksam zu und blickte schließlich nach oben. Dort las sie den Schriftzug: OSTER BEN OSTER BEN BIST DER MENSCHEN VERDER BEN. Mit ihrer langen Lebenserfahrung löste sie das erste Rätsel leicht und schnell.

Die Tür öffnete sich geheimnisvoll und ließ sie durchschreiten. Weiter ging es bis zur zweiten Tür. Die war verschlossen. Von der anderen Seite vernahm sie eine Stimme. »Das hier ist die zweite Tür. Du wirst sie nur öffnen können, wenn du das Geheimnis dieses Ortes lösen und verstehen kannst.« Die Frau lauschte gespannt und hörte auf die Worte der Stimme jenseits der Tür: »Wozu benutzt Frau Lidokork gelegentlich kleine Zweige?« Nach einem kurzen Überlegen huschte ein Schmunzeln über das Gesicht der Wanderin, und sie gab die türöffnende Antwort. Sie war nachdenklich geworden. Eigenartige Fragen führten sie weiter. Über viele Dinge hatte sie in den Jahren nachgedacht und war mit Lebensrätseln vertraut. Da hatte sie auch schon die dritte Tür erreicht. Die war verschlossen. Von der anderen Seite vernahm sie eine Stimme. »Das hier ist die dritte Tür. Du wirst sie nur öffnen können, wenn du das Geheimnis dieses Ortes lösen und verstehen kannst.« Sie stand zum Weitergehen bereit vor der Tür und hörte das dritte Rätsel: »Nenne aus dem Vorrat aller Zahlen eine Zahl. Wenn es die richtige ist, darfst du weiterziehen.« Mit der Weisheit eines langen Lebens horchte die Frau in sich hinein und gab dann ihre Antwort. Die Tür öffnete sich. Ihr Gefühl ließ sie das nahe Ende des Weges ahnen. Nicht lange darauf erreichte sie tatsächlich eine hell erleuchtete Grotte. Wieder vernahm sie die Stimme hinter den Türen. Doch dieses Mal war alles anders.

An der Rückwand stand von Höhlenseite zu Höhlenseite eine Holzkiste. Die reichte ihr bis zum Gürtel ihres Mantels. Im Kistendeckel fand sie vier Öffnungen. Am Deckelrand hingen Kellen. Da sagte die Stimme: »Du hast alle Rätsel richtig beantwortet: O Sterben, o Sterben, bist des Menschen Verderben! Frau Lidokork wird umgekehrt gelesen zu Frau Krokodil und spielt mit kleinen Zweigen, um Beute anzulocken. Bei dem Zahlenrätsel hast du die Quersumme deines Geburtstages mit Monat und Jahr gewählt. Das ist deine Zahl. Wähle dir nun eine Kelle aus und schöpfe daraus aus den Öffnungen der Kiste die Wahrheit und den Sinn deines Lebens.« Da schüttelte die Alte den Kopf und dachte an die Rätsel des Weges mit verschiedener Ernsthaftigkeit und gab zur Antwort: »Ein weiser Mensch hat mir vor langer Zeit den Rat gegeben: Greife nie mit einer viel zu kurzen Kelle in ein viel zu tiefes Fass. Das will ich mir weiter zu Herzen nehmen und fragen und suchen, solange ich lebe.« Da krähte von draußen der Hahn, und die alte Frau erwachte aus ihrem Traum.

(Detlef Kuhn)

JOHANNES 18,36–38

Jesus antwortete: Mein Königtum ist nicht von dieser Welt. Wenn mein Königtum von dieser Welt wäre, würden meine Leute kämpfen, damit ich den Juden nicht ausgeliefert würde. Nun aber ist mein Königtum nicht von hier. Da sagte Pilatus zu ihm: Also bist du doch ein König? Jesus antwortete: Du sagst es, ich bin ein König. Ich bin dazu geboren und dazu in die Welt gekommen, dass ich für die Wahrheit Zeugnis ablege. Jeder, der aus der Wahrheit ist, hört auf meine Stimme. Pilatus sagte zu ihm: Was ist Wahrheit?

Auferstehung!
Viele Berichte,
doch keine Beweise.
Es wäre so
unendlich
schön, wenn
alle schönen
Bilder
von der Auferstehung
letztendlich
von der Wirklichkeit
unendlich
übertroffen werden.

Mit Leib und Seele,
mit Körper und Geist,
bewusst und
durch und durch lebendig,
frei von dem Konvolut
der alten Irrungen
und Fehler.
Frei für das Licht
und für ein Leben
in vollkommener
Zu-Frieden-heit.

Auferstehung!
Vielleicht sogar
die ewige Erfüllung
aller guten Träume.

17 Der Großvater

Am Ende seiner Soldatenzeit hatte er es zu einem bescheidenen Wohlstand gebracht. Er war damals in Palästina stationiert und tat in Jerusalem seinen Dienst. Schließlich war er nach Rom zurückgekehrt und hatte sich dort im Kreis seiner Familie niedergelassen. Er war in der großen Stadt geachtet und blickte auf eine stolze Schar römischer Enkel. Die hörten gern an langen Sommerabenden die Geschichten aus seiner Vergangenheit. Abenteuerliches und Verwegenes war dabei besonders beliebt. Von einem ganz besonderen und spannenden Ereignis konnten sie nicht genug bekommen. Der Alte konnte gut erzählen. Das meiste hatten sie schon mehrfach gehört. Doch sie schätzten die behagliche Stimmung und wollten immer mehr. Also begann der Veteran:

Meine Kohorte war für diese Tage Jerusalem zugeteilt. Da war ein großes Fest der Juden. Die Stadt war mit Menschen überfüllt. Kurz vor den Feierlichkeiten des Pessachtages wurden einige Männer zur Kreuzigung verurteilt. Das sollte vorher über die Bühne. Das größte Fest des Volkes Israel sollte davon ungestört bleiben. Wir Soldaten trieben die Verurteilten auf einen Berg und erledigten dort unseren Befehl. Das kam öfter vor. Wir hatten uns daran gewöhnt. Es sprangen dabei bisweilen auch kleine Gewinne für uns heraus. Manchmal würfelten wir die Verteilung aus. Das war eben unser Geschäft. Ich selber war bei der Kreuzigung nicht anwesend. Mit einer kleinen Gruppe hatte ich den Befehl zur Wache für die kommende Nacht. Ich sollte das Grab eines der Gekreuzigten bewachen. Das war ein merkwürdiger Befehl. Aber so war es eben. Mit diesen Gedanken bereitete ich mich auf eine lange Nacht vor. Darum ruhte ich am Nachmittag dieses Tages noch ein bisschen. Ich musste ja wach sein. Ein Wachvergehen zog sehr harte Strafen nach sich.

Ein vornehmer Ratsherr mit dem Namen Josef aus Arimathäa hatte das für ihn selbst gedachte Grab zur Verfügung gestellt. Da legten sie den einen hinein und verschlossen den Eingang mit einem schweren Stein. Dann begann unsere Wache. Die Stunden zogen sich dahin. Wir unterhielten uns oder vertrieben uns die Zeit mit einem beliebten Brettspiel, *ludus latrunculorum,* das bedeutet »Spiel der kleinen Söldner« und ähnelt ein wenig dem Mühlespiel. Endlich meldete sich der Morgen mit der ersten Dämmerung. Da kamen einige Frauen aus dem Umfeld des Verstorbenen und wollten ihn einbalsamieren. Das war so üblich in dieser Gegend. Den im Grab nannten sie Jesus aus Nazaret. Doch genau in diesem Augenblick geschah etwas Unglaubliches. Die Erde bebte, Blitze zuckten. Da kam eine schneeweiße Gestalt, strahlend und leuchtend. Die wälzte den schweren Stein zur Seite und setzte sich darauf. Das Grab war leer. Wir Wachen, auch ich, waren von Furcht ergriffen und stürzten wie tot zu Boden. An mehr kann ich mich nicht erinnern.

Später sind einige von uns zu den Hohepriestern gegangen und erzählten von dem leeren Grab. Die berieten sich dann mit den Ältesten. Gegen eine nette Geldsumme sollten wir erzählen, dass wir eingeschlafen wären. Die Anhänger dieses Jesus hätten ihn dann in der Nacht geholt. Mit unseren Vorgesetzten wollten sie reden, wir bräuchten keine Sorge zu haben. Ich habe das alles nicht verstanden. Es war mir auch egal. Ich war mit dem Geld zufrieden und legte es für später zurück. Aber bevor ich an jenem Morgen das Bewusstsein verlor, habe ich das leere Grab gesehen. Seitdem denke ich an eine Auferstehung. Ich weiß nicht, wie das gehen soll. Heute wird viel darüber geredet. Viele Bilder gibt es und viele Vorstellungen. Ich halte den Gedanken in mir wach. Ich brauche keine Bilder und Weisheiten. Ich halte einfach einen wunderschönen Wunsch in mir wach. Es wäre so unglaublich schön, wenn ich nach meiner Zeit, so wie ich bin, für immer glücklich und in Frieden leben dürfte, und mit mir alle Menschen, die es je gegeben hat und die je leben werden.

(Britta Grothues)

M<small>ATTHÄUS</small> *28,11–15*
Noch während die Frauen unterwegs waren, siehe, da kamen einige von den Wächtern in die Stadt und berichteten den Hohepriestern alles, was geschehen war. Diese fassten gemeinsam mit den Ältesten den Beschluss, die Soldaten zu bestechen. Sie gaben ihnen viel Geld und sagten: Erzählt den Leuten: Seine Jünger sind bei Nacht gekommen und haben ihn gestohlen, während wir schliefen. Falls der Statthalter davon hört, werden wir ihn beschwichtigen und dafür sorgen, dass ihr nichts zu befürchten habt. Die Soldaten nahmen das Geld und machten alles so, wie man es ihnen gesagt hatte. Und dieses Gerücht verbreitete sich bei Juden bis heute.

Die Welt
kommt nicht zur Ruhe.
Seit Tausenden von Jahren
führen ganze Völker
immer neue Kriege.

Es schneidet immer
neu ins Herz,
die Schäden
zu benennen,
die Kriege
aller Zeiten angerichtet
haben.

Kultur und Kunst
und Wissen
gingen so verloren
und ließen Wunden,
die nicht mehr
zu heilen sind.

Der Schrei aus
Menschenleid
von einem Ausmaß,
das nicht zu
beschreiben ist,
klingt durch die Jahre
menschlicher Geschichte
und wimmert um ein
Argument zum Frieden.

18 Der Soldat

Ich bin Soldat. Das ist mein Beruf. Ich kenne nichts anderes, und ich kann nichts anderes. Ich war immer dabei und ich bin immer dabei. Es war wohl im 13. oder 12. Jahrhundert vor der neuen Zeitrechnung. Da war ich schon dabei. Ich zog mit Agamemnon, dem König von Mykene, aus dem und dem Grund gegen Troja. Damals regierte dort Priamos als König. Zur Zeit des Perikles marschierte ich um das Jahr 432 vor Christi Geburt im Peloponnesischen Krieg auf der Seite Spartas gegen Athen. Rund ein Jahrhundert später überquerte ich mit Alexander III. den Tigris auf dem Marsch gegen Babylon. Alexander wurde später der Große genannt. Im Gallischen Krieg in den 50er-Jahren vor Christus war ich unter Cäsar auch dabei. Ich bin immer dabei.

Ich bin auch der Soldat und der Hauptmann und der Centurio. Ich war an jenem Tag zum Dienst eingeteilt. Es war Kreuzigung. Ich habe unter dem Kreuz mit um sein Gewand gewürfelt. Sie nannten ihn den König der Juden. Eigentlich hieß er Jesus von Nazaret. Die Ereignisse waren verwirrend. Als Soldat habe ich vieles erlebt. Aber in diesen Augenblicken war vieles anders. Ich muss wohl sehr beeindruckt gewesen sein. Ich soll gesagt haben: »Das war wirklich ein gerechter Mensch« und »Wahrhaftig, dieser Mensch war Gottes Sohn.« Ich bin auch der Soldat mit der Lanze. Ich sollte vor dem jüdischen Sabbat seinen Tod feststellen. Diesen Befehl habe ich mit meiner Lanze ausgeführt. Ich bin Soldat. Das werde ich immer sein. Meine Waffen werden sich weiterentwickeln. Anderen Kriegsherren werde ich folgen, immer und immer wieder. Auf allen Kriegsschauplätzen werde ich zu finden sein und Befehle ausführen. Ich werde immer neu rekrutiert. In jedem Alter werde ich eingezogen. So ist das. Kriege wird es immer geben.

Meine Lanze nennen sie später die heilige. Mir geben sie den Namen Longinus. Wegen meiner Worte unter dem Kreuz wurde ich in die Liste der Heiligen aufgenommen. Gian Lorenzo Bernini hat sogar zur Erinnerung an mich um das Jahr 1637 eine Marmorstatue im großen Petersdom der Christenheit aufgestellt. Meine Lanze hat eine lange Geschichte. Viele der Großmächtigen wollten sie besitzen als Zeichen göttlicher Zustimmung zu ihrem Handeln oder als Zeichen ihrer Unbesiegbarkeit. Ich kann nicht sagen, was aus meiner Lanze geworden ist. Viele Legenden erzählen von mir und von ihr. Dahinter steht wohl der Wunsch meiner Bekehrung. Die Taufe des Soldatenhauptmanns von Golgota wäre ein besonderes Ereignis. Das alles ist viel später aufgeschrieben worden. Als Heiliger habe ich sogar einen besonderen Gedenktag. Das ist der 16. Oktober. Die Leute bewahren sich gern eine Hoffnung und wollen dem Guten ihr Vertrauen schenken. Ich aber bin der ewige Soldat. Doch eines klingt vom Kreuz her durch alle Zeiten in mir nach: Zum Schluss sagte Jesus: »Vater, vergib ihnen, denn sie wissen nicht, was sie tun!«

(Detlef Kuhn)

Wunderahnung

JOHANNES 19,33–34

Als sie aber zu Jesus kamen und sahen, dass er schon tot war, zerschlugen sie ihm die Beine nicht, sondern einer der Soldaten stieß mit der Lanze in seine Seite und sogleich floss Blut und Wasser heraus.

LUKAS 23,34

Jesus aber betete: Vater, vergib ihnen, denn sie wissen nicht, was sie tun!

LUKAS 23,47

Als der Hauptmann sah, was geschehen war, pries er Gott und sagte: Das war wirklich ein gerechter Mensch.

MARKUS 15,39

Als der Hauptmann, der Jesus gegenüberstand, ihn auf diese Weise sterben sah, sagte er: Wahrhaftig, dieser Mensch war Gottes Sohn.

MATTHÄUS 27,54

Als der Hauptmann und die Männer, die mit ihm zusammen Jesus bewachten, das Erdbeben bemerkten und sahen, was geschah, erschraken sie sehr und sagten: Wahrhaftig, Gottes Sohn war dieser!

Mut
zur Versöhnung,
Kraft
zur Vergebung,
Blick
über Grenzen,
Worte
zum Frieden,
ganz neuer
Anfang.

Ein Gramm Humor
mit einem
nachdenklichen
Lächeln
lässt fünf
in Menschengröße
auch gerade sein.

Gepriesen sei
der erste Schritt,
gelobt
die
dargereichte Hand;
gesegnet
sei die Herzensweite,
die aus
der Kriegsnacht
in die
Friedenssonne
führt.

19 Es geschehen Dinge

In einem kleinen Dorf mit einer Kirche und einer Schule gab es vor vielen Jahren eine besondere Tradition. In der Karwoche gingen die Messdiener in Gruppen von Haus zu Haus und sammelten Eier für das bevorstehende Fest. Dabei sagten sie im Chor: »Wir sind die Diener vom Altar und kommen einmal nur im Jahr. Wir bitten um ein Osterei, doch lieber wären's eins, zwei, drei.« Es war damals noch sehr ländlich dort. Die Leute gaben den Jungen großzügig aus ihren Beständen. Damals gab es noch keine Messdienerinnen. Vielleicht wäre dann alles anders gelaufen. Aber das weiß niemand. Auf jeden Fall sollten die Sammelergebnisse zusammengetragen und dann gerecht auf alle verteilt werden. Doch in jenem Jahr geschah etwas. Auf dem Rückweg zur Kirche begegneten einander zwei Gruppen und gerieten aus irgendeinem Grund in einen Streit. Zunächst geschah das nur in Worten. Doch dann griff einer in den großen Korb mit der zerbrechlichen Ware und löste damit eine bis heute unvergessene Katastrophe aus. Braune und weiße Eier flogen durch die Luft und trafen Menschen und Gebäude. Erst nach aufgebrauchtem Vorrat kam die Erkenntnis der Ungeheuerlichkeit. Sie ließen die Körbe zurück und rannten fluchtartig in alle Richtungen auseinander.

Nach den Gottesdiensten am Gründonnerstag und Karfreitag gab es im Dorf nur ein Gespräch. Die Namen der Täter waren allgemein bekannt. Der Auslöser dieses Skandals aber blieb unbekannt. Schuldzuweisungen brachten einen Unfrieden zwischen einigen Familien und wurden über Generationen weitergegeben. Das reichte bis hinein in den Ministrantendienst. Trotz aller Vermittlungsversuche wollten die einen mit den anderen nicht zum Gottesdienst kommen. Die eigentlichen Übeltäter waren inzwischen hochbetagt. Da berührte das nahende Osterfest ihre alten

Herzen. Wie damals war der Urheber unbekannt. Seitdem war auch keine Gruppe zum Eiersammeln durch das Dorf gezogen. Doch am Anfang der Karwoche trafen sich alle Beteiligten von damals zu einer geheimen Verabredung. Wieder lieferten sie den Stoff für eifrige Dorfgespräche.

Am Dienstag der Heiligen Woche trafen sich die Alten zu einem Marsch von Haus zu Haus. Vieles hatte sich mit der Zeit verändert. Neue Erfindungen waren zur Normalität geworden. Doch zur Verwunderung der Familien und Einzelpersonen läuteten sie an den Haustüren und hielten unter dem Aufsagen ihres Spruches den Staunenden ihren Korb entgegen. In der Osternacht verkauften sie dann die von ihnen gefärbten Ostereier für einen guten Zweck. So entstand ein neuer Friedensbund mit vielen gemütlichen Treffen. Die alte Tradition blühte dann wieder auf. Und wer zur Karwoche durch das Dorf kommt, kann die neuen Messdienerinnen und die neuen Messdiener hören: »Wir sind die Leute vom Altar und kommen einmal nur im Jahr. Wir bitten um ein Osterei, doch lieber wären's eins, zwei, drei.«

(Jürgen Kuhn)

JOHANNES 20,19–23

Am Abend dieses ersten Tages der Woche, als die Jünger aus Furcht vor den Juden bei verschlossenen Türen beisammen waren, kam Jesus, trat in ihre Mitte und sagte zu ihnen: Friede sei mit euch! Nach diesen Worten zeigte er ihnen seine Hände und seine Seite. Da freuten sich die Jünger, als sie den Herrn sahen. Jesus sagte noch einmal zu ihnen: Friede sei mit euch! Wie mich der Vater gesandt hat, so sende ich euch. Nachdem er das gesagt hatte, hauchte er sie an und sagte zu ihnen: Empfangt den Heiligen Geist! Denen ihr die Sünden erlasst, denen sind sie erlassen; denen ihr sie behaltet, sind sie behalten.

In allem
liegt
das Gegenteil.
In allem
liegt
Erlösung und
Gefangenschaft.

Das Unerlöste
kann in
Wut und Hass,
in Dummheit,
Lüge und
Gewalt
im Kleinen
wie
im Großen
Schaden bringen.

Doch das Erlöste
wird in
Zärtlichkeit und Liebe,
Weisheit,
Wahrheit und
Frieden
im Kleinen
wie
im Großen
Segen schenken.
Die großen Wunder
können jeden Tag geschehen.

20 Gnadenort

Zur Wallfahrtszeit pilgern Scharen von Menschen mit ihren Anliegen hierher. Der Busparkplatz ist bis auf den letzten Platz belegt. In feierlichen Gottesdiensten beten und bitten sie in ihren Anliegen. Sie zünden Opferkerzen an und verweilen schweigend vor dem Gnadenbild. Die Luft ist erfüllt von Weihrauch und Gesängen. In Prozessionen kommen sie mit ihren Bannern. Alle tragen ihren eigenen Gedanken und sind beseelt von einer sehr persönlichen Hoffnung. Hier fühlen sie sich willkommen und geborgen. Selbst Anstrengungen und weite Anreisen scheuen sie nicht. Hier fühlen sie sich Gott nahe und vertrauen auf seine Hilfe. Jährlich kommen so Abertausende hierher mit ihren eigenen Fragen und mit ihrem eigenen Leben.

Nach den Gottesdiensten und den besinnlichen Handlungen kommt dann auch das Menschliche zu seinem Recht. Die Restaurants und Cafés füllen sich zur Stärkung und Erfrischung von Jung und Alt. Auch in den Andenkengeschäften mit christlicher Kunst und allerlei religiösen Kleindingen wie Rosenkränzen und Postkarten drängen sich die frommen Leute. Das wird für eine junge Frau zu einem prägenden Erlebnis. Auch sie hat einen jener Läden mit Kerzen und Devotionalien betreten und sucht in den ausgelegten Waren nach einem Erinnerungsstück. Nach den Mühen des Unterwegsseins und der festlichen Liturgie ist dieser kleine Einkauf eine willkommene Entspannung. Gleich wird auch sie irgendwo einen Imbiss und eine Erfrischung einnehmen. Da sieht sie den Besitzer des Geschäftes. Er steht hinter der Theke an der Kasse und beobachtet das Geschehen vor sich. Ihre Blicke begegnen einander und halten stand. Gleichzeitig erblicken sie einen Pilgermenschen mit offensichtlich auffälligem Verhalten. Er hat einen eher schwer einsehbaren Winkel des Raumes erreicht und lässt tatsächlich eine silberne Darstellung des Gnadenbildes in der mitgeführten Tasche verschwinden. Die Blicke der beiden werden intensiver. Dann verlässt die Person den Verkaufsbereich und betritt die Straße. Bald ist sie im Strom der Menschen nicht mehr zu sehen.

Die Frau geht zu dem Herrn hinter der Theke. Beide haben den Diebstahl gesehen und nichts dagegen unternommen. Auf die Frage nach dem Warum erklärt der Geschäftsführer sein Verhalten. Es erfüllt ihn mit unendlicher Traurigkeit, wenn er nach den Gottesdiensten immer wieder bestohlen wird. Da kommen sie mit heiliger Miene aus dem Dom und stehlen Kreuze, Kerzen und Heiligenfiguren. Aber sein Geschäft geht gut, und er kann es sich leisten. Er möchte niemanden wegen eines Diebstahls seiner Ware anzeigen und belangen. Verstehen kann er das nicht. Menschen sind bisweilen merkwürdig. Doch in seinem Glauben vertraut er darauf, dass die gestohlene Ware für die Betreffenden auf geheimnisvolle Weise doch zum Segen wird. Die junge Frau nickt und geht mit einem nachdenklichen Lächeln hinaus.

(Britta Grothues)

Markus 14,17–20

Als es Abend wurde, kam Jesus mit den Zwölf. Während sie nun zu Tisch waren und aßen, sagte Jesus: Amen, ich sage euch: Einer von euch wird mich ausliefern, einer, der mit mir isst. Da wurden sie traurig und einer nach dem andern fragte ihn: Doch nicht etwa ich? Er sagte zu ihnen: Einer von euch Zwölf, der mit mir in dieselbe Schüssel eintunkt.

Es gibt sie überall,
wo Menschen sind
und menschlich
denken
und auch
menschlich handeln:

Es gibt die Träume,
die zur
Wirklichkeit gelangen
und zur
Wunderwahrheit
werden.

Das Unmenschliche
ist die
grausame Realität
der
menschlichen Geschichte
und in Büchern
festgehalten.

Geschichtsschreibung
wird einmal
das dokumentieren,
was an Gutem
möglich war und ist
und immer besser wird:

ein Menschenwerk aus
Frieden und Versöhnung.

21 Das Arma-Christi-Hospital

Bald hieß es im Volksmund *das Krankenhaus zum armen Christus* oder *das Armenhospital*. Aber der Hintergrund war ganz anders. Während des Studiums kam ein junger Medizinstudent mit seinen Kommilitonen täglich an einem Wegkreuz vorbei. Das hatte eine eigenartige Gestalt. Es entsprach alter Volksfrömmigkeit und zeigte die Marterwerkzeuge Jesu, die »arma Christi«. Darum gilt noch heute die Bezeichnung *Arma-Christi-Kreuz*. Am Anfang fielen im Vorübergehen manche spöttischen Bemerkungen der freidenkenden Akademiker. Doch mit der Zeit wurden sie nachdenklich und passierten diesen Ort der barocken Leidenserinnerung in einem unabgesprochenen Schweigen.

Im Laufe der Semester war eine feste Freundschaft entstanden. Oft trafen sie sich und genossen das Studentenleben. In den Prüfungszeiten ging es dann ernster zu. Aber der gemeinsame Weg mit dem kurzen Schweigen war ein festes Ritual. Es gehörte zu ihrem Leben und gewann mehr und mehr an Bedeutung. Oft und immer wieder waren sie bei einem Schoppen Wein ins Schwärmen geraten. Sie hatten über ihre Zukunft als Ärzte gesprochen und schmiedeten voller Begeisterung Lebenspläne. Dann näherten sich die Abschlussexamina und die Promotionen. Das nahm ihre Zeit und ihre Konzentration ganz in Anspruch. Doch der Weg zur Universität blieb und mit ihm die Stille vorbei am Arma-Christi-Kreuz.

Dann fiel von einem Augenblick auf den anderen eine große Entscheidung. Sie waren ein fester Freundeskreis geworden und trauten sich gemeinsam Bedeutendes zu. Und in das Schweigen am besagten Ort sprachen sie diese Entscheidung aus. Sie wollten im Zusammenwirken nach ihrem Studium ein Krankenhaus gründen. Der Name ergab sich aus dem Ort. Sie wollten es das *Arma-Christi-Hospital* nennen und damit ein Bekenntnis menschlicher

Entwicklung geben. Das harte Kreuz stand für die warmen und erholsamen Betten. Die Lanze wurde Bild für den Halt, den Menschen bei ihnen finden sollten. Die Nägel symbolisierten den herzlichen Händedruck für alle, die kommen würden. Mit dem Essigschwamm verbanden sie eine warme und heilende Gastlichkeit. Im Bild der Dornenkrone sollte zum Ausdruck kommen, dass alle Menschen bei ihnen wohlbehütet sein würden. Die 30 Silberlinge des Judas wurden zum Zeichen ihrer Treue zu ihren Träumen und zu ihrer Freundschaft. Das Holzbrett mit dem INRI stand für die Gleichheit aller, die in ihr Haus kommen sollten. Das alles geschah so, wie sie es geplant hatten. Die wenigsten wissen um die Bedeutung von Arma Christi. Das Haus aber ist weithin bekannt und beliebt. Jahre sind seitdem vergangen, und neue Generationen haben die Verantwortung übernommen. Doch bei jeder neuen Einstellung findet ein besinnliches Treffen an der alten Schweigestelle statt. Dort wird die alte Entstehungsgeschichte des Hauses erzählt, und alte Gedanken werden lebendig gehalten.

(Britta Grothues)

Matthäus 26,15–16
Judas Iskariot ... sagte: Was wollt ihr mir geben, wenn ich euch Jesus ausliefere? Und sie boten ihm dreißig Silberstücke. Von da an suchte er nach einer Gelegenheit, ihn auszuliefern.

Matthäus 27,29
Dann flochten sie einen Kranz aus Dornen; den setzten sie ihm auf und gaben ihm einen Stock in die rechte Hand.

Johannes 19,17–19
Und er selbst trug das Kreuz und ging hinaus zur sogenannten Schädelstätte, die auf Hebräisch Golgota heißt. Dort kreuzigten sie ihn und mit ihm zwei andere, auf jeder Seite einen, in der Mitte aber Jesus. Pilatus ließ auch eine Tafel anfertigen und oben am Kreuz befestigen; die Inschrift lautete: Jesus von Nazaret, der König der Juden.

Johannes 19,28–29
Danach, da Jesus wusste, dass nun alles vollbracht war, sagte er, damit sich die Schrift erfüllte: Mich dürstet. Ein Gefäß voll Essig stand da. Sie steckten einen Schwamm voll Essig auf einen Ysopzweig und hielten ihn an seinen Mund.

Die Armut
ist in jedem Land,
in jeder Stadt und überall
zuhause.

Die Armut zeigt sich in
verschiedenen
Gesichtern und trägt
viele Masken.

Die Armut gibt sich nicht
so gern zu erkennen
und gilt in weiten Kreisen
als ein Makel.

Oft ist die Armut
auch in dieser Gegenwart
noch ungetröstet
und zeigt
die Züge
voller Leid und Elend.
Sie schreit um Hilfe
und um Beistand.

Ist sie getröstet in der
Freiheit eigener
Entscheidung,
stellt sie sich dar
in voller Menschenwürde
und in der Schönheit
eigener Gestaltung.

22 Der arme Schlucker

Über Generationen hin war die alte Hütte immer weitergegeben worden. Eigentlich wollte niemand sie gern haben. Sie lag verlassen in einem Waldstück und war Wind und Wetter ausgesetzt. Vor vielen Jahren hatte hier eine Familie gewohnt. Da war noch alles neu und gepflegt. Ein gutes Einkommen sicherte den Lebensunterhalt. Im Alter vertrauten die Eltern den Kindern ein Geheimnis an. Die Waldhütte sollte ihnen ein gutes Zuhause und immer eine Sicherheit geben. Das wussten sie nun und gingen damit ihre Lebenswege. Die in die Jahre gekommene Hütte wurde immer wieder weitergegeben. Für lange Zeit war sie ein Gemeinschaftsgut. Doch irgendwann schwand das Interesse an ihr. Im Erbgeschehen gelangte sie schließlich in den beliebigen Besitz eines Familienmitglieds. Niemand wollte das alte Waldanwesen übernehmen. So war der neue Eigentümer ein sehr entfernter Verwandter. Den nannten sie mit unverborgener Hochnäsigkeit den armen Schlucker.

In der Tat war er in seinem Leben nicht vom Glück verwöhnt. Für ihn kam alles unerwartet. Er war im Testament gar nicht vorgesehen. Doch die Erbengemeinschaft verfügte es so. Zum ersten Mal in seinem Leben verfügte er über ein Eigentum. Er befand sich in der Mitte seines Lebens. Immer neue Krankheiten hatten Bildung und Beruf verhindert. So schlug er sich auf unsicheren Füßen durch die Zeit. Er kannte das Dasein der Obdachlosen und die verachtenden Blicke der Menschen. Einsam verbrachte er die Nächte in Kellerschächten und in irgendwelchen Ecken. Jetzt aber besaß er ein eigenes Zuhause. Das war rechtlich festgeschrieben und gehörte für immer ihm. Schließlich fand er eine Anstellung als Nachtwächter eines Unternehmens und verfügte über ein kleines Gehalt. Doch er war bescheiden und fühlte in sich ein wachsendes Lebensglück. In der freien Zeit richtete er sich dort in seiner Hütte gemütlich ein und erneuerte sie nach seinen Möglichkeiten. Der Erbverwalter hatte ihm bei der Übergabe nach altem Brauch die vergilbte Urkunde überreicht. Die rahmte er sorgfältig ein und hängte sie an einen Nagel über der Eingangstür. Hier hatte er tatsächlich ein Zuhause und Sicherheit gefunden. Das erfüllte ihn mit tiefer Dankbarkeit.

Mit der Zeit hatte er sich auch an die Eigenarten seines Obdaches gewöhnt. Er liebte besonders das kurze Knarren einer Holzdiele im nebenliegenden Raum beim Betreten des Eingangs. Doch irgendwann im Frühling beschloss er, den Bodenbelag zu erneuern. Er hatte sich kundig gemacht und freute sich darauf. Es war ein strahlender Tag. Die Waldvögel begleiteten seine Arbeit mit einem jubilierenden Konzert. Dann löste er das knarrende Brett und entdeckte darunter zu seinem Erstaunen eine Vertiefung. Darin lag eine Schatulle. Die war liebevoll mit bunten Bändern umschnürt. Behutsam hob er sie heraus und stellte sie auf den nahestehenden Tisch. Er zog einen Stuhl heran und setzte sich darauf.

Voller Spannung dachte er an den möglichen Inhalt. Er fand keine Antwort. Doch es war auf alle Fälle sein Eigentum. So löste er behutsam Schleife um Schleife und hatte schließlich nur noch den Deckel vor sich. Er wartete noch. Dann hob er ihn vorsichtig hoch und legte ihn auf den Tisch. Sein Blick fiel auf einen Brief aus sehr langer Zeit. Darin stand die ganze Geschichte und erklärte das alte Familiengeheimnis. Vor Zeiten hatte die Eltern für ihre Kinder zu jedem Osterfest ein Ei aus purem Gold in das Versteck gelegt. So hielten sie es über ihre Jahre hin. Niemand außer ihnen hatte Kenntnis davon. Nun saß der arme Schlucker vor dem Goldvermögen und rang um Fassung. So verbrachte er den Tag. Den Schatz hatte er wieder verborgen und abgedeckt. Dann lud er seine ferne Verwandtschaft in die alte Hütte ein. Nach anfänglichem Zögern kamen sie schließlich alle. Die verschlossene Schachtel mit den goldenen Eiern stand mitten auf dem Tisch. Sie blickten ihn fragend an, sie konnten sich den Grund der Zusammenkunft nicht erklären. Doch dann begann er mit seinem ganz persönlichen Märchen. Nie im Leben hätten sie ihm diese Erbschaft überlassen im Wissen um die Kostbarkeiten. Doch jetzt war es so gekommen. Er war bescheiden und hatte sein Leben geordnet und eingerichtet. Das beachtliche Vermögen sollte nach seinem Gerechtigkeitssinn über die eigentlichen Erben verteilt werden. Die aber lebten bereits sehr vermögend und blickten einander voller Verwunderung an. Sie nickten einander wortlos zu. Der Hüttenschatz sollte dem Finder gehören. Dabei blieb es. Sie feierten noch ein Fest ganz besonderer Art mit den Vorräten, die gerade da waren. Der arme Schlucker aber dankte für den großzügigen Verzicht und beschloss, mit dem Gelderlös ein Haus für obdachlose Menschen zu bauen. Er selber blieb bis in sein Alter als Nachtwächter bei diesem Unternehmen.

(Britta Grothues)

MARKUS 15,16–19

Die Soldaten führten ihn in den Palast hinein, das heißt in das Prätorium, und riefen die ganze Kohorte zusammen. Dann legten sie ihm einen Purpurmantel um und flochten einen Dornenkranz; den setzten sie ihm auf und grüßten ihn: Heil dir, König der Juden! Sie schlugen ihm mit einem Stock auf den Kopf und spuckten ihn an, knieten vor ihm nieder und huldigten ihm.

Es ist eine
unendliche Ahnung,
es ist ein
Menschentraum,
der über alle
Grenzen geht,
es ist ein
Geistgedanke
voller Hoffnung:

Sich vorzustellen,
dass Barmherzigkeit
viel weiter reicht
als menschliche
Gerechtigkeit.

Sich auszumalen,
dass die
ganze Schöpfung
aller Zeiten
erlöst ist
und in
felsenfester Sicherheit
darauf vertrauen
kann,
dass Liebe
und Barmherzigkeit
die Säulen eines
Hauses sind,
in dem der große Friede
und für alle ewig wohnt.

23 Irgendwann und irgendwo

Ratlos streunt er durch die Welt und durch die Zeit. Er kommt nicht zur Ruhe. Auch in der Nacht quälen ihn die eigenen Gedanken. Er ist der Sohn des Verderbens. Jedes Wohlbefinden ist in ihm zerbrochen. Friedlos schlurfen seine erschöpften Füße über Wege und Straßen. Er hat keinen Plan in sich und stöhnt unter der Last der eigenen Vergangenheit. Er ist wohl der schlimmste aller Menschen. Seine Schuld kann keine Vergebung finden. Er ist verdammt. Die Orte seiner Wege sind ihm unbekannt. Er geht den Menschen aus dem Weg. Er ist der Verräter. Sein Name ist die Überschrift für abgrundtief Böses. Er ist der Sohn des Iskariot. Er ist der Judas Iskariot. Jesus hatte ihn in den Kreis der zwölf Apostel gerufen. Dann hat er ihn für 30 Silberlinge verkauft. Das ist nicht mehr aus der Welt zu schaffen und nicht mehr ungeschehen zu machen. Das bleibt. Außerhalb des letzten Dorfes sitzt er verzweifelt am Straßenrand und hält das Gesicht in den Händen verborgen. Sein Tränenvorrat ist längst erschöpft. Sein Geist ist ohne jede Hoffnung. Da berührt ihn plötzlich eine Hand. Sie hat sich fast zärtlich auf seine Schultern gelegt.

Es ist eine junge Frau. Sie hat ihn lange gesucht. Darüber verging unendlich viel Zeit. Doch jetzt hat sie ihn gefunden. Es ist der richtige Ort. Auf seine Frage nach dem Namen erfährt er seinen Aufenthalt. Er ist bis in das Burgund gekommen. Sie hat ein helles Lachen voller Leben und Freude. Sie hakt sich bei ihm ein und zieht ihn behutsam mit sich. Die Sonne steht hoch am Himmel und legt Sommer über das Land. Nicht weit vor ihnen liegt Vézelay mit seiner mächtigen Kathedrale. Dorthin will sie ihn führen und ein bedeutsames Geheimnis lüften. Das Gotteshaus dort auf der Anhöhe trägt den Namen Sainte Marie Madeleine. Unterwegs dorthin reden sie nur wenig. Dann betreten sie ehrfürchtig das alte

Gemäuer. Am Eingang zögert der Apostel Judas. Er hält sich nicht für würdig. Doch sie zieht ihn mit einem Lachen weiter. Für einen Augenblick verharren beide im Gebet und erweisen dem Ort die angemessene Stille. Dann flüstert sie dem Judas leise etwas zu. Sie muss ihm unbedingt etwas zeigen. Das ist ihr Auftrag. So steht Judas Iskariot schließlich vor der Säule mit dem alten Kapitell in der Kathedrale Saint Marie Madeleine zu Vézelay. Er erkennt auf der einen Seite den zerbrochenen Judas und blickt ernst hinauf. Doch sie deutet mit dem Finger auf eine weitere Darstellung. Dort sieht er Jesus, den guten Hirten. Er hat den eigenen Verräter befreit und erlöst und trägt ihn wie ein verlorenes Schaf voller Freude nach Hause. Judas begreift und findet zurück zu seinen Tränen. Doch es sind Freudentränen. Für ihn ist in diesem Augenblick die Ostersonne aufgegangen. »Wer bist du?«, fragt er seine freundliche Begleiterin. »Na, wer werde ich wohl sein?«, antwortet sie ein wenig spitzbübisch. »Ich bin die Maria aus Magdala!« Da haken sie einander nochmals unter und gehen hinaus ins Leben.

(Detlef Kuhn)

MARKUS 14,10–11
Judas Iskariot, einer der Zwölf, ging zu den Hohepriestern. Er wollte Jesus an sie ausliefern. Als sie das hörten, freuten sie sich und versprachen, ihm Geld dafür zu geben. Von da an suchte er nach einer günstigen Gelegenheit, ihn auszuliefern.

Es gibt so viele
Kinderwunderwirklichkeiten
in Unbefangenheit
und reiner Unschuld.

Das kann
an jedem Tag geschehen,
weil jeder Tag
für Wunder gut genug ist.

In Kinderwelten
reden Tiere,
und Fabelwesen
wohnen dort.
Dort sprechen
alte Bäume
und erzählen weise Märchen.

Dort leben Elfen
und die guten Feen.
Die Engel sind
für jedes Kind
zum Schutz bestellt
und geben auch
auf Eltern und Geschwister Acht.

Wenn große Menschen wie
die kleinen Leute sich
daran erinnern, was in Kinderwelten
möglich ist,
geschehen Menschenwunder.

24 Ostern

Es gibt Dinge, die dürfen einfach nicht geschehen. Das sind Fehler mit weitreichenden Folgen bis an die Grenzen der Existenz. So etwas war ihm geschehen. Es war Ostern. Von Karfreitag an war er zu Hause bei seiner Familie. Irgendwann ist es geschehen. Er wusste nicht den Ort und nicht die Zeit. Doch es war ihm schlagartig bewusst geworden. In seinen Gedanken ging er alle Möglichkeiten durch. Ohne Ergebnis. Er lebte bis dahin glücklich mit seiner Frau und den zwei kleinen Kindern in dem Neubau ihrer Träume. Sein Einkommen erlaubte die pünktliche Begleichung aller Rechnungen und Verbindlichkeiten. Doch dieses unerwartete und unerklärliche Ereignis führte ihn an den Rand des Ruins. Er war absolut zuverlässig. Darum war ihm auch diese verantwortungsvolle Aufgabe anvertraut worden. Noch hatte er mit seiner Frau nicht darüber gesprochen. Vielleicht änderte sich alles noch. Aber danach sah es ganz und gar nicht aus.

Die Kinder erlebten zum ersten Mal mit Begeisterung das große Fest und redeten seit Tagen von nichts anderem als von verborgenen Nestern und bunten Eiern und Osterhasenüberraschungen. Mit allen Kräften überspielte er die Sorgenlast. Alles war vorbereitet. Nach altem Brauch waren die Osterdinge bei schönstem Ostermorgenwetter im Garten versteckt worden. Die Kleinen konnten es kaum erwarten und begannen dann gemeinsam mit der Suche. Sie waren damals so um die drei und vier Jahre alt und im besten Alter für Derartiges. Er stand mit seiner Frau auf der Terrasse und sah mit ihr dem Geschehen unten zu. Er wollte ihr jetzt von seiner Not erzählen. Doch sie fiel ihm ins Wort und redete sich eine Last von der Seele. Seit einem Tag vermisste sie ihre Geldbörse mit Ausweis, Geld und allen Karten. Die Suche der Kinder dauerte noch an. Da erzählte auch er von dem furchtbaren Verlust des Generalschlüssels seines Unternehmens. Das war ein Unikat und forderte Unsummen für einen Ersatz. Da standen beide und bemühten sich um Festgesichter für Tochter und Sohn. Diese kamen inzwischen mit der Ausbeute ihrer Bemühungen und strahlten Kinderglück in die Welt. Die kindliche Realität des Osterhasen hatte ihre Spielfreude geweckt. Sie hatten ihn in ihrer Phantasie tatsächlich sogar gesehen. Kinder können das. Jetzt nahm das Mädchen den jüngeren Bruder an die Hand. Die Eltern sollten einen kleinen Augenblick warten. Trotz ihrer Sorgen spielten sie das Osterspiel mit. Dann kamen die beiden mit strahlenden Augen wieder in den Raum. Voller Freude sagten sie den Eltern, dass der Osterhase auch für sie etwas ganz Tolles gebracht habe. Das hielten sie hinter ihren kleinen Rücken versteckt. Die Eltern bemühten sich um ein Lächeln. Das wurde schließlich erwartet. Also spielten sie mit unter der Last ihrer Sorgen. Da wurde auch schon das Geheimnis gelüftet. In der Unbefangenheit ihres Alters war es ihnen gelungen. So brachte der Osterhase an diesem Morgen für die Mutter eine Geldbörse, für den Vater einen Generalschlüssel und aufatmende Osterfreude.

(Britta Grothues)

JOHANNES 15,9–11
Wie mich der Vater geliebt hat, so habe auch ich euch geliebt. Bleibt in meiner Liebe! Wenn ihr meine Gebote haltet, werdet ihr in meiner Liebe bleiben, so wie ich die Gebote meines Vaters gehalten habe und in seiner Liebe bleibe. Dies habe ich euch gesagt, damit meine Freude in euch ist und damit eure Freude vollkommen wird.

Christus, das Licht!

In die Dunkelheit
des Kirchenraums hinein
klingt der Ruf
der Osternacht.

Mit Leichtigkeit
übernimmt die Leuchtkraft
der Osterkerze den Sieg
über die Finsternis
und lässt sich
großzügig an alle
weitergeben
und verteilen,
bis alle teilhaben an
ihrer weiten Energie.

Christus ist auferstanden
und gibt den Menschen
einen endgültigen Grund
zur Freude
und zur Hoffnung.

Mit gutem Willen
und mit ihrer
vollen Wirklichkeit
erleben Menschen diesen
Augenblick
und fühlen Gutes in sich:
»Halleluja!«

25 Die Osterkerze

Eine Kirchengemeinde kennt wie alle Gesellschaftsformen die Bedeutung menschlicher Unterschiede. Das zeigt sich in besonderen Fähigkeiten und Eigenarten bis in das persönliche Interesse hinein. Es gibt die Neuzugezogenen und die Alteingesessenen. Das Ehrenamt spielt dabei eine wichtige Rolle. Natürlich kommen im Gemeindeleben auch Höhen und Tiefen vor. Bisweilen gehören sie zum Erbgut ganzer Familien. Das alles ging dem alten Pfarrer am Osterfeuer durch den Sinn. In den Gremien und Gruppen gab es Sonne und Regen. Jetzt waren sie alle versammelt. Er wusste um die offenen Fragen und die ausstehenden Versöhnungen – war er doch selbst beteiligt und befand sich in der Mitte des Geschehens. Dann segnete er das Feuer.

Die neue Osterkerze wurde ihm entgegengehalten. Mit dem Zeigefinger ging er den Kreuzbalken senkrecht und quer nach mit den Worten »Christus gestern und heute! Anfang und Ende!« Dann deutete er auf die griechischen Buchstaben oberhalb und unterhalb des Kreuzes: »Alpha und Omega!« Zu den Jahresziffern in den Kreuzwinkeln sagte er: »Sein ist die Zeit und die Ewigkeit, sein ist die Macht und die Herrlichkeit in alle Ewigkeit.« Die Wachsdornen an den Wundstellen begleitete er mit dem Bekenntnis: »Durch seine heiligen Wunden, die leuchten in Herrlichkeit, behüte und bewahre uns Christus, der Herr!« Vom prasselnden Osterfeuer nahm er nun das Licht für die Kerze und rief in die Runde: »Christus ist glorreich auferstanden vom Tod. Sein Licht erfülle das Dunkel der Herzen!« An diesem Abend war es für ihn wie beim allerersten Mal. Alles war neu. Die alten Gesichter um ihn herum ebenso wie die alte Liturgie.

Mit der brennenden Osterkerze führte er nun die Prozession zum Hauptportal der Kirche. Da verharrte er für einen Augenblick und sang in den dunklen Raum hinein die Botschaft: »Christus, das Licht!« Die Leute antworteten: »Dank sei Gott!« Nun wurde das Osterkerzenlicht an die Altarassistenz weitergereicht. Von der Mitte des Ganges bis zum Altar wiederholte er den Ruf noch zweimal. Dann brannten auch die Kerzen der versammelten Gemeinde und des Altars. Er fühlte das Osterfeuer in sich und die lebendige Bedeutung des Geschehens.

Nach der Osternachtfeier in der Kirche trafen sich alle noch am Osterfeuer bei einem Imbiss und dem einen oder anderen Getränk. Osterwünsche wurden ausgetauscht und einige Gespräche am Rande geführt. Verhärtete Fronten geben nur selten nach. Menschen verändern sich ungern. Irrtümer werden schwer eingesehen und noch schwerer eingestanden. Das ist so. Aber im Kreis um das junge Osterfeuer kamen alte Gedanken zur Ruhe und wendeten sich dem Licht zu. Unbemerkt konnten so neue Nuancen des Miteinanders dazu beitragen, einander zu respektieren und in österlicher Freude anzunehmen.

(Jürgen Kuhn)

JOHANNES 15,5
Ich bin der Weinstock, ihr seid die Reben. Wer in mir bleibt und in wem ich bleibe, der bringt reiche Frucht; denn getrennt von mir könnt ihr nichts vollbringen.

So vieles
ist noch unbekannt.
Die Wunder
und Geheimnisse
im Kosmos
jedes neuen Tages
geben zu denken
und zu fragen.

Der Geist
forscht unermüdlich
und gelangt
in großem Staunen
in den Umkreis
immer neuer
Fakten
und Erkenntnisse.

Im Miteinander
von Ergebnissen
und Zweifeln,
von Widerlegungen
und neuen Theorien
entstehen Ahnungen,
die über alle
Weltraumgrenzen
reichen.

Die Menschen denken
Liebe, Güte und ein Leben
bis in unbegrenzte Ewigkeit.

26 Unterwegs

Margareta und Johannes waren erwachsen geworden. Sie waren einander begegnet und gingen nun bekannte und unbekannte Wege. Jeder Tag schenkte ihnen neues Staunen. Sie gaben sich tiefe Gedanken und fühlten immer neue Fragen. Das Leben war für sie zur Lehrmeisterin geworden. Da begegnete ihnen eines Tages am Wegrand eine Blume und strahlte ihnen Farben von betörender Schönheit entgegen. Beide blieben stehen und setzten sich daneben auf den Grasboden. Eine Zeitlang verharrten sie so und fragten sie dann nach dem großen Sinn. Die Blume lauschte ihrer Frage und blühte ihnen darauf ihr tiefes Geheimnis. Aufmerksam hörten beide zu. Doch sie verstanden nicht und gingen mit einer sanften Ahnung weiter.

Am Abend erblickten sie auf einem Feld einen uralten Baum. Der stand dort schon eine Ewigkeit und reckte seine Sommeräste in den Himmel. Da hielten sie an und ruhten an seinem Stamm aus. Nach einer Weile blickten sie hoch und fragten ihn nach dem Grund. Der Baum blickte nachdenklich über das Feld und rauschte dann leise das Geheimnis seiner Jahre. Margareta und Johannes hatten ihre Köpfe aneinandergelegt und nahmen die Baumworte in sich auf. Im Morgengrauen erhoben sie sich und setzten ihren Weg fort. Sie hatten den Baum nicht verstanden und bewahrten eine Ahnung behutsam in ihrem Herzen.

Mittags rasteten sie am Fuß eines Berges und lagen nebeneinander in einem Blumenmeer. Ihre Blicke gingen in die blaue Weite des Himmels über ihnen. Da nahmen sie eine Wolke wahr. Die kam von irgendwoher und hatte sich dem Sommerwind anvertraut. Sie sahen ihr zu und empfanden Freude an dem Spiel ihrer wechselnden Gestalt. Unhörbar baten sie die Wolke um Auskunft zum Weg. So hörten sie das Wehen ihres Geheimnisses und spürten in sich eine Wolkenberührung. Verstehen konnten sie die Wolke aber nicht. Doch sie gingen mit einer leichten Ahnung weiter in den Tag.

Am Abend sahen sie in der Ferne das Glühen eines Sternes. Der leuchtete aus der Unendlichkeit zu ihnen und lud sie ein zur Nachtruhe. Um ihn herum waren Myriaden von Lichtpunkten und verzauberten die Nachtwelt. Da flüsterten sie in die Weite des Universums die Frage nach dem Ziel.

Atemlos standen sie. Im Sternenglühen kam das Sternengeheimnis zu ihnen auf die Erde. Sie nahmen es tief in sich auf. Noch immer konnten sie nicht verstehen und gingen mit einer strahlenden Ahnung weiter.

Gemeinsam folgten sie weiter den Wegen ihres Lebens und fanden immer neue Fragen und Geheimnisse und zauberhafte Ahnungen. Hand in Hand verirrten sie sich nicht und gaben einander sicheren Halt.

Nach langen Zeiten gelangten sie an einen Ort. Der war ihnen auf geheimnisvolle Weise sehr vertraut. So oft hatten sie Fragen gestellt und ahnungsvolle Antworten erhalten. Jetzt standen sie voreinander und blickten sich an. Nun wagten sie die große Frage nach sich selbst. An beiden Händen hielten sie sich und erzählten von dem Schatz der Ahnungen. Sie schöpften aus einer großen Fülle und begannen Wort für Wort: Sie ahnten, dass ein Schöpfer sie bewusst und gewollt in diese Zeit und diesen Raum gerufen hat. Sie ahnten, dass er sie unendlich liebt. Sie ahnten, dass für sie und alle auf der Erde die Zeit zur Ewigkeit wird. Sie ahnten, dass sie vor ihrem Schöpfer so bedeutsam sind, dass er geheimnisvoll und unberechenbar, doch ganz, mit Körper und mit Geist, an ihnen festhält. Sie ahnten eine tiefe, weite Freude bei ihm, der sich die Liebe ausgedacht hat. Sie ahnten einen großen Frieden und ein Wohlergehen der gesamten Schöpfung.

In immer neuen Wundern vertiefte sich ihr Suchen und ihr Fragen. Die Ahnung über alles weit hinaus gesellte sich zu ihnen und blieb wie eine gute Freundin felsenfest an ihrer Seite.

(Jürgen Kuhn)

APOSTELGESCHICHTE 2,22–24
Israeliten, hört diese Worte: Jesus, den Nazoräer, einen Mann, den Gott vor euch beglaubigt hat durch Machttaten, Wunder und Zeichen, die er durch ihn in eurer Mitte getan hat, wie ihr selbst wisst – ihn, der nach Gottes beschlossenem Willen und Vorauswissen hingegeben wurde, habt ihr durch die Hand von Gesetzlosen ans Kreuz geschlagen und umgebracht. Gott aber hat ihn von den Wehen des Todes befreit und auferweckt; denn es war unmöglich, dass er vom Tod festgehalten wurde.

An vielen Punkten
leuchtet Menschlichkeit
rund um den Erdball.
An allen Weltenstellen
leben Frauen,
leben Männer,
leben Kinder,
in deren Herzen
Sternenstrahlen
ein Zuhause haben.

Das ist die Hilfsbereitschaft,
die nicht fragt
und nicht berechnet,
die keine Feinde kennt
und einen feinen, freien
Blick hat für
die ganze Schöpfung.

Das ist die Gastfreundschaft,
die Fremden
zugestanden wird
mit einem Dach zum Schutz
und einem Tisch
zum Essen und zum Trinken,
mit einer Wertschätzung,
die großzügig und
ohne jede Absicht ist,
die Türen öffnet
und geschützten Ort
zur Ruhe bietet.

27 Das Weihwasser

Während der Osternachtfeier wird in der katholischen Kirche Wasser gesegnet. Unter dem Namen Weihwasser gewinnt es das Jahr über vielfältige Bedeutung. Oft wird es auch von Familien mit nach Hause genommen und an einer besonderen Stelle in einem kleinen Weihwasserbecken aufbewahrt. Bei vielen Segnungen zu verschiedenen Gelegenheiten findet das geweihte Wasser Verwendung als Zeichen göttlichen Segens. Dieses Wasser soll der Gemeinde immer zur Verfügung stehen. Aus diesem Grund finden sich in den meisten katholischen Kirchen und Kapellen neben den Weihwasserschalen an den Eingängen Behälter mit einem kleinen Hahn zum Abfüllen. Das ist für die nachfolgende Geschichte von entscheidender Bedeutung.

Es geschah im Ruhrgebiet. Dort leben viele Kulturen und Religionen beieinander. Das ist im Laufe der Jahrzehnte so gewachsen und ließ ein buntes Miteinander an Riten und Glaubensformen entstehen. Staunend entdecken die verschiedenen Gemeinschaften wertvolle Gemeinsamkeiten. Das sind Mosaiksteine des gegenseitigen Verstehens und der gegenseitigen Achtung. In aneinandergereihten Wohnhäusern findet hier ein dichtbesiedeltes Leben statt. In der Sommerhitze ist die Luft in diesem Häusermeer bisweilen bedrückend. Und wer sich nicht an die grünen Stadtränder zurückziehen kann, ist dankbar für die Kühle einer geöffneten Kirche. In einem besonders heißen Sommer wunderte sich der Pfarrer einer Innenstadtgemeinde über den gesteigerten Verbrauch der Weihwasservorräte. Das war sehr ungewöhnlich. Er kannte seine Gemeinde und wusste um ihren gewöhnlichen Weihwasserbedarf. Auch die Küsterin und der Organist konnten keine Erklärung geben. Vielleich war es bei den hohen Julitemperaturen einfach verdunstet. Doch diese Theorie schien abwegig. Dann war es eben so.

An einem Nachmittag betete der Priester in der Kirche das Brevier und hatte hinter einer Säule Platz genommen. Plötzlich vernahm er vom Hauptportal her leise Geräusche. Vorsichtig wandte er sich um und lugte aus seiner Bank nach hinten. Da sah er eine kleine Gruppe von Kindern. Die gingen zielstrebig auf die Nische neben dem heiligen Antonius zu. Dort stand der Weihwasserbehälter. Behutsam öffneten sie den Hahn und hielten ihre Hände darunter. Zunächst erfrischten sie ihre Gesichter mit dem fließenden Wasser und tranken dann aus den hohlen Händen ausgiebig das kühlende Nass. Der Pfarrer war unbemerkt dazugetreten. Er beobachtete schmunzelnd das Geschehen. Die Kinder aus muslimischem Hause erschraken bei seinem plötzlichen Erscheinen. Doch dann sahen sie die Freundlichkeit in seinem Gesicht und lächelten ihn freundlich an. Herzlich bedankten sie sich für die Gastlichkeit in der katholischen Kirche. Für alle war immer ein erfrischender Trunk bereit.

Gastfreundschaft ist ein heiliger Brauch über alle Grenzen hinweg und wird von vielen Menschen und Völkern geachtet und gepflegt. Nach einer Erklärung der Weihwasserbedeutung versprach der Pfarrer, den Kindern an jedem heißen Tag eine Kanne mit kühlem Zitronentee und den entsprechenden Trinkbechern an einem vereinbarten Versteck bereitzustellen. Die kleine Gruppe bedankte und verabschiedete sich und genoss die interreligiöse Erfrischung.

(Detlef Kuhn)

JESAJA 55,1–3
Auf, alle Durstigen, kommt zum Wasser! Die ihr kein Geld habt, kommt, kauft Getreide und esst, kommt und kauft ohne Geld und ohne Bezahlung Wein und Milch! Warum bezahlt ihr mit Geld, was euch nicht nährt, und mit dem Lohn eurer Mühen, was euch nicht satt macht? Hört auf mich, dann bekommt ihr das Beste zu essen und könnt euch laben an fetten Speisen! Neigt euer Ohr und kommt zu mir, hört und ihr werdet aufleben! Ich schließe mit euch einen ewigen Bund.

Spurensuche

Auf mannigfache Weise
geht ein
Durcheinander
vieler Spuren
scheinbar ziellos
durch die Zeit
von Da nach Da.

Bedeutungslos
durchqueren sie
das Land
und scheinen ohne
jede Absicht
unterwegs zu sein.

Ein Mensch
auf Spurensuche
achtet auf
geringste Zeichen
und unterscheidet
die jeweilige Bedeutung.

In Sternstunden
gelingt es,
dass ein Fußabdruck
dem eigenen
sehr angemessen ist
und dazu einlädt,
nachzugehen.

28 Pilgerschaft

Es könnte eine Legende sein oder ein Märchen. Vielleicht reicht es auch für eine Vermutung oder ein Gerücht. Aber das alles trifft nicht zu. Möglicherweise ist es einfach eine Idee. Wahrscheinlich begann alles mit dem Studium alter Schriften. Im 21. Jahrhundert stehen den Suchenden und Fragenden viele Türen und Wege offen. So forschte ein moderner Mensch und erlebte in sich eine entscheidende Veränderung. Ausgangspunkt ist die Sankt-Salvator-Basilika im Eifelort Prüm. Dort werden seit dem 8. Jahrhundert mit einer kurzen Unterbrechung die Sandalen Jesu als Reliquien aufbewahrt. Dieser moderne und sehr gebildete Mensch war dort und befasste sich sehr sachlich mit den historischen Protagonisten jener Zeit, dem Hausmeier Pippin III. und Papst Stephan II. Er erfuhr von der Pippinschen Schenkung und Pippins Erhebung zum König nebst Überlassung des heiligen Schuhwerks durch den Vorgängerpapst Zacharias. So war das dortige Kloster zu hoher kirchlicher und politischer Bedeutung gelangt. Bis ins Detail entstand eine Vertrautheit mit der Historie. Zwangsläufig führte von dort der Weg nach Trier zum heiligen Untergewand Jesu. Quellen aus dem 12. Jahrhundert berichten von der Übergabe dieses Kultstückes durch die Mutter Konstantins des Großen. Sie wird in der katholischen Kirche als die heilige Helena verehrt.

In wissenschaftlicher Distanz erfuhr der moderne Mensch von dem Wettstreit zwischen Prüm und Trier um die größere Bedeutung der Exponate. Wallfahrten und Pilgerscharen hoben den Wert an Macht und Reichtum dieser Orte. Für einen kritischen Geist sind das entlarvende Hinweise. Weder Sandalen noch Leibrock konnten beweiskräftig als die Kleidungsstücke Jesu belegt werden. Ein wacher Geist denkt sich seinen Teil und bildet danach seine Meinung. So blieben die Sandalen in Prüm und der Rock in

Trier. Der moderne Mensch hatte damit abgeschlossen. Doch es folgte die Begegnung mit dem Träger jener Teile auf ganz andere und sehr persönliche Weise. Bis in lange und schlaflose Nächte gingen die Gedanken unerwartete Wege. Und so kam es zu einem folgenschweren Lebensentschluss.

Dieser moderne und hochgebildete Mensch ließ sich sehr diskret Duplikate der betreffenden Devotionalien anfertigen. In ihm keimte eine Ahnung von der Tiefe biblischer Worte. Dabei traten alle Äußerlichkeiten vollkommen in den Hintergrund. Um die Idee der großen Botschaft zu verstehen, wollte er den Weg in Jesu Sandalen gehen und den Leibrock wie eine zweite Haut unmittelbar an sich tragen. Für sich erklärte er dann diese Duplikate still zu Jesu Nachlass. Das waren sie für ihn nicht mehr und nicht weniger als seine Forschungsobjekte dort in der Eifel.

In jeder Osternacht holt jener moderne Mensch seinen heiligen Rock hervor und streift ihn über. Ohne eine Glaubenstiefe und nur in der Betroffenheit seiner Botschaft lässt er Jesus hautnah an sich heran. Dann nimmt er die heiligen Sandalen und legt auch sie an. Nach Einbruch der Dunkelheit wandert er durch die Osternacht von Prüm nach Trier und spürt die wachsende Verbundenheit mit dem, der allen Menschen Freund und Bruder ist. In Trier ist alles vorbereitet. In der Morgendämmerung kommt er dort an und wechselt seine Kleidung wieder. Doch die Berührung durch den Rock und die Sandalen bleibt in ihm lebendig. Das alles wird sich Jahr für Jahr in allen Osternächten wiederholen. So geht dieser moderne Mensch den eigenen Lebensweg in dessen Spuren, dessen Leibrock und Sandalen er zu diesen Zeiten trägt.

(Detlef Kuhn)

JOHANNES 19,23–24
Nachdem die Soldaten Jesus gekreuzigt hatten, nahmen sie seine Kleider und machten vier Teile daraus, für jeden Soldaten einen Teil, und dazu das Untergewand. Das Untergewand war aber ohne Naht von oben ganz durchgewoben. Da sagten sie zueinander: Wir wollen es nicht zerteilen, sondern darum losen, wem es gehören soll. So sollte sich das Schriftwort erfüllen: Sie verteilten meine Kleider unter sich und warfen das Los um mein Gewand. Dies taten die Soldaten.

Bisweilen
ist die Härte
eines Menschenherzens
einfach nur zum Weinen.

Denn harte Herzen
stehen engagiert
im Dienst
der Unbarmherzigkeit.
Sie dienen Kriegen
und Betrug
in jeder Form.

Mit schweren Stiefeln
geht ihr Marsch
über die Blumenwiesen
und sie zertreten
junge Blüten
ohne jede Rücksicht.

Mögen die Tränen
aller Wehrlosen
und Kinder dieser Erde
die harten Herzen
wieder menschlich
werden lassen,
damit sie weit und offen
werden für die guten Wunder
dieser Welt
und dieser Zeit.

29 Die gestohlene Kiepe

Wie zu jedem Osterfest packt der Osterhase seine Kiepe mit den lieben Grüßen und Gaben für die Kinder und auch für die Erwachsenen. Das musste wohlbedacht sein. Die Osterfreude sollte alle erreichen. Da durfte nichts vergessen werden. Darauf hatte er sich das ganze Jahr vorbereitet. Nach altem Brauch lehnte er den großen Tragekorb an den alten Birnbaum auf der Wiese und schloss die Augen. Das geschah in jedem Jahr. In Gedanken ging er den Weg noch einmal durch. Der Osterhase war sehr gewissenhaft auch in kleinsten Einzelheiten.

Das beobachtete der Herr von Willnochmehr. Er wohnte in dem großen Haus gegenüber und hatte sein Fernglas vor die Augen gehalten. Er lebte dort für sich allein und hatte nur Gedanken für sich. Andere interessierten ihn nicht. Er hielt den Osterhasen für sehr unvorsichtig. War er doch neben all den Köstlichkeiten aus Ei und Schokolade eingeschlafen. Diese Möglichkeit wollte er sich nicht entgehen lassen. Was gingen ihn die Kinder und ihre Osterfreude an? Also schlich er im Schutz der hohen Frühlingsgräser und der gelbleuchtenden Forsythiensträucher von hinten an den Birnbaum heran. Der Osterhase lag dort mit geschlossenen Augen und rührte sich nicht. Ganz leise näherte er sich Schritt um Schritt und nahm die Osterhasenkiepe an sich. Auf Zehenspitzen ging er in sein Haus zurück und rieb sich die Hände vor diebischem Vergnügen über die fette Beute. Der grüne Tragebehälter war mit einem rotweißkarierten Tuch zugedeckt. So ließ er es auch zunächst. Wusste er doch wie eigentlich jeder Mensch um den Osterinhalt. Er ging unauffällig an das große Fenster und versteckte sich hinter der Gardine. Von dort wollte er den Osterhasen beobachten. Er wollte sich aus dessen Schrecken einen zusätzlichen Spaß bereiten.

Der würde Augen machen beim Anblick der leeren Stelle. Das wollte er sich nicht entgehen lassen. Doch Meister Lampe war nicht mehr da. Bei aller Anstrengung konnte er ihn nicht entdecken. Dann war er eben vor lauter Schrecken einfach davongelaufen. So wandte sich Herr von Willnochmehr dem Diebesgut zu. Niemand hatte ihn beobachtet. Alles gehörte ihm allein. Mit zitternden Händen zog er das Tuch von der oberen Öffnung und warf es auf einen nahestehenden Sessel. Gierig griff er in das Innere und erstarrte. Der Korb war leer. Nicht ein einziges Osterei war darin. Er knirschte mit den Zähnen und sprach böse Worte. Plötzlich vernahm er hinter sich ein Geräusch. Blitzschnell fuhr er herum und blickte in die Augen des Osterhasen. Der stand mit verschränkten Armen und gekreuzten Beinen im Türrahmen und schmauchte ein Pfeifchen. Die Brille war auf die Nase gerutscht. Natürlich war der treue Osterhase unter dem Baum nicht eingeschlafen und hatte alles mitbekommen. Jetzt stand er da und blickte dem Unersättlichen tief in die Augen bis in das steinharte Herz.

Ohne den Blick abzuwenden, ging er auf die Kiepe zu und lud sie auf seinen Osterhasenrücken. Alle Osterüberraschungen waren auf wundersame Weise wieder darin. »Am Ostermorgen werde ich in deinem Garten für dich ein Osternest verstecken. Das kannst du dann suchen und dich redlich freuen«, sagte der Hase beim Hinausgehen. Herr von Willnochmehr stand mit pochendem Herzen da. Sein Herz hatte er lange nicht mehr gefühlt. Mit der Zeit und mit den dunklen Gedanken war es hart und kalt geworden. Jetzt aber spürte er es wieder in seinem Innern. »Danke, Herr Osterhase!«, rief er hinterher, »ich habe heute etwas sehr Wichtiges gelernt und freue mich wie ein Kind auf den Ostermorgen. Ich habe verstanden! Ich habe verstanden!«

(Britta Grothues)

LUKAS 23,27–28
Es folgte ihm eine große Menge des Volkes, darunter auch Frauen, die um ihn klagten und weinten. Jesus wandte sich zu ihnen um und sagte: Töchter Jerusalems, weint nicht über mich; weint vielmehr über euch und eure Kinder!

Liebe Schwestern
und liebe Brüder
in der Luft und
auf dem Land
und unter Wasser!
Mein liebes Schwein,
mein treuer Hund,
mein kluger Papagei,
wie reich macht
ihr das Menschenleben!
Ihr seid so großzügig,
und eure Herzen
sind so groß und weit.

Mein starkes Pferd
und meine sanfte Katze,
mein stolzer Hahn
und meine schönen Hühner,
es ist so friedlich,
im Verein mit euch
zu leben und zu staunen,
was ihr könnt und
wer ihr seid.

Mein weißes Lamm
und meine Kuh
voller Geduld,
mein nimmermüder Goldfisch!
Ihr tragt die Liebe eures Schöpfers
ganz und ungetrübt in euch.

30 Der Osterhase kommt

Sie waren ausgewandert aus der Heimat im Ruhrgebiet in das Land aus Weite und Seen und Wäldern – nach Kanada. Dort hatten sie mit ihrem Ersparten ein kleines Anwesen erworben. Das berührte nach vorn hin einen See und nach hinten einen Wald. Um das Haus herum waren ein Garten und eine Wiese und viel Raum zum Leben und zum Wohlfühlen. An einem der ersten Tage in ihrem neuen Zuhause lief ihnen von irgendwoher ein einsames Hasenbaby zu. Das nahmen sie auf und gaben ihm einfach den Namen Osterhase. Das kleine Wesen von irgendwoher fühlte sich bei den beiden wohl und wuchs und gedieh. Als dann nach gar nicht langer Zeit ein kleines Mädchen zur Welt kam, war die Freude groß. Hase und Kind wuchsen nun gemeinsam auf wie Geschwister und waren bald unzertrennlich. Der Hase wurde mittlerweile kurz Oha genannt. Das entsprach dem frühkindlichen Sprachvermögen und wurde allgemein anerkannt. Oha schlief in der Nacht neben dem Bett der Kleinen und war tagsüber ein sehr beliebter Spielgefährte. So ging das eine und ein zweites Jahr ins Land.

Die Hase-Kind-Freundschaft war tief und herzlich geworden. Der Hase schien die Menschensprache zu verstehen und zeigte das in verblüffender Weise durch sein Verhalten. Doch auch die Menschen deuteten die Zeichen und Laute von Oha und gingen liebevoll auf ihn ein. Er gehörte ja zur Familie. Eine besondere Fertigkeit der Hasen ist das Versteckspiel. Das konnten die beiden nachmittagelang spielen. Das kleine Mädchen jauchzte vor Vergnügen, wenn sie ihren Hasenbruder endlich in einem kleinen Grasbüschel entdeckte. Er saß da mit angelegten Ohren und machte sich ganz flach bis zur Unsichtbarkeit. Dann sprang der Entdeckte auf und lief im Kreis um das lachende Mädchen.

So war es auch an jenem Tag. Voller Freude spielten beide unermüdlich ihr Versteckspiel. Doch dieses Mal hatte sich Oha zu gut versteckt. Das Mädchen konnte ihn nicht finden und lief auf den noch unsicheren Füßen auf den Waldrand zu. Es hatte nur das Spiel im Sinn und achtete auf sonst nichts. Und da geschah es. Im Unterholz krachte und knackte es. Das Kind schien nichts zu hören und zu bemerken. Doch plötzlich erhob sich ein mächtiger Schwarzbär aus dem Dickicht. Ihn und das Mädchen trennten kaum zehn Meter. Da schrie die Kleine vor Angst laut auf. Das reizte das Raubtier. Aus seinem Maul kam ein furchterregendes Grollen. Vor Schrecken konnte sich das Mädchen nicht vom Fleck rühren. Der Bär näherte sich unaufhaltsam. Doch da kam der Osterhase. Oha hatte in seinem Versteck alles beobachtet. Nun schoss er wie eine Furie auf das mächtige Tier zu und zeigte nicht eine Spur von Furcht. Er dachte nur an die Rettung seiner Menschenschwester. Und das gelang ihm. Der Bär war so überrascht von dem unerwarteten Angriff, dass er in Hasenpanier die Flucht ergriff und sich brummend in seinen Wald zurückzog.

(Jürgen Kuhn)

JOHANNES 15,12–15
Das ist mein Gebot, dass ihr einander liebt, so wie ich euch geliebt habe. Es gibt keine größere Liebe, als wenn einer sein Leben für seine (Freundinnen und) Freunde hingibt. Ihr seid (meine Freundinnen und) meine Freunde, wenn ihr tut, was ich euch auftrage. Ich nenne euch nicht mehr Knechte; denn der Knecht weiß nicht, was sein Herr tut. Vielmehr habe ich euch (Freundinnen und) Freunde genannt; denn ich habe euch alles mitgeteilt, was ich von meinem Vater gehört habe.